Rotwein

André Dominé

Rotwein

Fotografie
Armin Faber
Thomas Pothmann

Feierabend

Mommsenstraße 43
D-10629 Berlin

Design: Sonja Loy, Köln
Lektorat: Heße/Schlagenhaufer, Düsseldorf

Lithografie: Kölnermedienfabrik, Köln
Druck und Bindung: Mladinska Knijga, Ljubljana

Printed in Slovenia
ISBN 3-936761-15-9
60 04 003 1

Grundkonzept und Grundgestaltung: Peter Feierabend

Inhalt

Blick

Frankreich

Griechenland

Italien

Portugal

Spanien

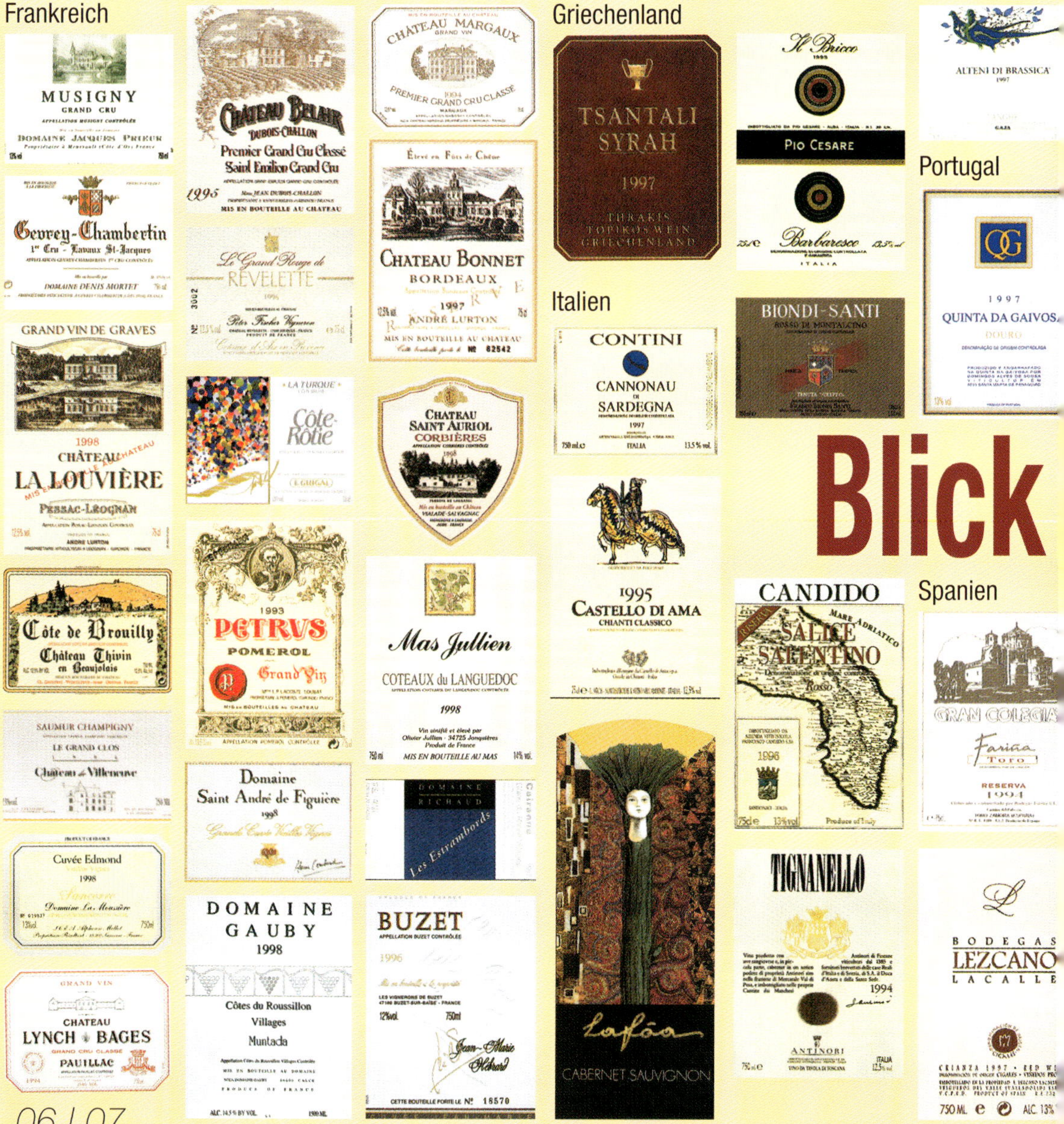

Schweiz

USA

Argentinien

in die rote Weinwelt

Chile

unt ist sie die Welt der Roten. nd doch ist dies nur ein winziger usschnitt ihrer tatsächlichen ielfalt. Manche Weine geben sich aum Mühe, optisch aufzufallen. ndere scheinen fast zu schreien: Nimm mich!« Einige Weinerzeuger ustrieren ihren Sinn für Schöne unst im Etikettenformat. Andere ertrauen ganz dem vom Großvater berlieferten Flaschenausweis. ber nur selten verrät das Bild die üte des Inhalts. Namen von Vinzern, Orten, Landschaften, egionen und Ländern geben da chon eher Aufschluss, welch enuss den Weinfreund erwartet.

Österreich

Australien

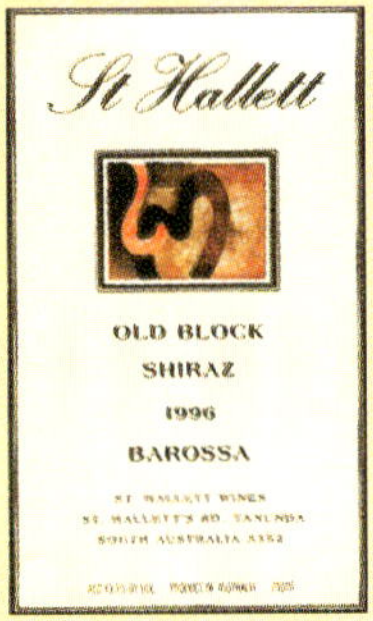

Südafrika

Deutschland

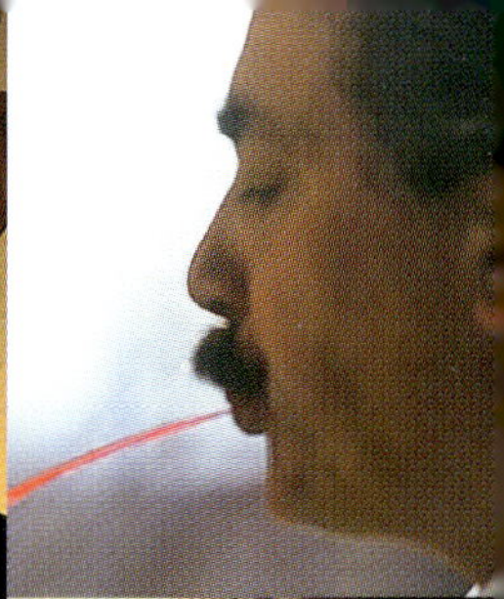

Man braucht die richtige Nase. Doch die hat eigentlich jeder. Man muss sie nur ins Glas zu halten verstehen, um den berauschenden Duft nach allen Regeln der Kunst aufsaugen zu können. Wer will, darf dann auch spucken oder Zunge zeigen.

Nach Waldbeeren, Cassis und wilden Kirschen duftet dieser Rotwein. Auch nach Lakritz und Vanille. Noch ein Aroma steigt auf, und es lässt an Zedern und Minze denken. Welch ein Glück, dass auch meine Freunde ›Rotweinnasen‹ sind.

Berühmte

Sie sind so zahlreich, dass man ihre Neigung als Norm auffassen und einer speziellen Erwähnung nicht wert halten kann – ob sie nun Dichter oder Denker, Maler oder Musiker, Wissenschaftler oder Staatsmänner waren. Der Philosoph Erasmus von Rotterdam, der Literat John Gay, der Maler Henri de Toulouse-Lautrec oder die Politiker Sir Robert Walpole, Napoleon und Georges Clemenceau gehörten zum Club. Viele zeitgenössische Stars aus Showbiz oder Politik lassen sich heute sogar mit dem Objekt ihrer Leidenschaft ablichten: Offenbar wirkt es Vertrauen erweckend, ein Rotweinglas zu halten. Viele pflegten ihre Marotten. Napoleon zum Beispiel wollte nirgends auf seinen geliebten Chambertin Clos du Bèze verzichten. Doch er sorgte auch dafür, dass seine Soldaten keinen Durst litten. Kaum jemand ist jedoch als ein so ernsthafter Weinliebhaber bekannt geworden wie Thomas Jefferson, der spätere dritte Präsident der Vereinigten Staaten. Als Gesandter von 1785 bis 1789 in Paris, erweiterte er seine Weinkenntnisse ganz gezielt. 1787 ließ er sich in

Rotweintrinker

Bordeaux umfassend informieren. Seitdem nahm er nur noch persönlich den Kontakt mit Weinhändlern oder Winzern auf. So konnte er sich Wein des ausgezeichneten 1784er Jahrgangs u. a. von den Châteaux Lafitte und Margaux sichern. Später orderte er auch von dem nicht minder guten 1787er reichlich. Was nicht für den amtierenden Präsidenten George Washington bestimmt war, ließ Jefferson auf den Flaschen mit seinen Initialen versehen. Anfang 1985 gelangten einige dieser historischen Flaschen in Paris ans Tageslicht. Am 5.12.1985 wurde dann eine Bouteille Lafitte 1787 mit den Initialen »Th. J«. bei Christie's in London für 105 000 Pfund von dem amerikanischen Verleger Malcolm Forbes für sein Präsidenten-Museum ersteigert: Damals war es die kostspieligste Flasche Wein der Welt. Schon vor seiner Pariser Zeit hatte Jefferson auf seinem Gut in Virginia begonnen, Wein anzubauen. Länger als 30 Jahre experimentierte er mit Rebstöcken aus Europa, ohne dass je einer davon angegangen wäre. Schließlich musste er auf amerikanische Reben vertrauen.

Die Liebe zum Wein

Rot gilt als die Farbe der Liebe. Doch nicht nur, denn wie jeder weiß, ist Rot auch die Farbe des Weins. Wenn nur die Liebe rot ist wie Rotwein, kann man dann etwas anderes sein als Liebhaber von Rotwein? Und was für den sprichwörtlichen Topf und seinen Deckel gilt, das lässt sich ebenso vom Glas und dem Wein sagen. Ob Chianti oder Bordeaux, ob Zinfandel, Lemberge oder Mourvèdre – jede oder jeder wird sicher irgendwann zu ihrem ode seinem Rotwein finden.

»Einen Rotwein, bitte.«

Drei kleine Worte, und schon hat man Farbe bekannt. Man ist weder Bierbruder noch Schnapsdrossel. Softdrinks, ob bieder oder exotisch, sind ebenso uninteressant wie die gemixten Geniestreiche des Barkeepers, und seien sie auch noch so spektakulär. Nichts weiter als Rotwein. Nichts weiter? Diese so simple Bestellung wird unweigerlich zum Prüfstein für jede Kneipe, Bar oder Gaststätte, für jedes Restaurant oder Hotel: Wo man kommentarlos ein Glas vor die Nase gestellt bekommt, sollte man am besten gleich das Weite suchen. Dabei muss es gar nicht die große Auswahl an offenen Roten sein, die überzeugt. Oft reichen ein paar Worte, und man begreift, dass man an der richtigen Adresse ist. Vielleicht: »Dieser Montepulciano ist der schönste Rote, den wir haben.« Gleich fühlt man sich verstanden und gut aufgehoben. Wie weit die gemeinsame Liebe reicht, wird man noch herausfinden müssen. Aber immerhin ist man jemandem begegnet, der ebenfalls erkannt hat, dass Wein eine Passion ist.

Wie der Wein

2500 v. Chr.

In Ägypten werden erste Grabmalereien ausgeführt, die Weinbau und Weingenuss darstellen: Reben werden am Spalier gezogen. Arbeiter zerstampfen die Lese mit den Füßen und lassen den Most in Amphoren gären. Bereits um 2000 v. Chr. notiert man darauf die stets rote (!) Rebsorte, die Lage des Weingartens sowie das Jahr der Ernte. Selbst der Eigentümer oder der Gutsleiter werden zuweilen erwähnt. Vermutlich sind diese Weine mit hoher Restsüße stark alkoholhaltig. Jedenfalls ist die Oberschicht sehr angetan von diesem Genuss. Manche Krüge lässt man sogar altern.

92

Kaiser Domitian untersagt die Anlage neuer Rebpflanzungen im römischen Staatsgebiet und befiehlt, in vielen Provinzen, darunter Narbonensis, das heutige Südfrankreich, Weinberge zu roden. Mit dieser Maßnahme versucht er, wie sich herausstellen wird erfolglos, den stetig steigenden Weinkonsum – es handelt sich dabei vermutlich um Rosé – seiner Untertanen zu begrenzen und neue Anbauflächen für dringend benötigten Weizen zu erschließen. Die Verordnung tritt in Kraft, wird weitgehend ignoriert und schließlich von Kaiser Probus 270 wieder aufgehoben.

1150

In der neu errichteten Kellerei Vougeot des Zisterzienserordens gelingt den Mönchen eine Sensation. Statt, wie in jener Zeit üblich, den Most sofort ins Fass zu füllen, was schließlich einen eher blassen ›clairet‹ ergibt, schütten sie die Trauben in große Gärbottiche und stampfen sie wiederholt mit den Füßen. Das Ergebnis ist ein karminroter Wein, der nun endlich der Farbe des Blutes Christi ähnelt, in das er sich liturgisch verwandeln soll. Der trockene Rotwein ist geboren.

1663

In London verursacht ein ›Ho Bryan‹ genannter Wein beträchtliches Aufsehen unter den Kennern. Er ist wohlschmeckend, überaus charaktervoll und von tiefroter Farbe. Arnaud de Pontac hat diesen ersten Château-Wein des Bordelais auf seinem Gut Haut-Brion entwickelt. Die Reben wurzeln in ›graves‹, in Kiesböden, und die Trauben werden länger als sonst eingemaischt.

blutrot wurde

1850

Der Staatsmann Camillo Cavour, der Vater der italienischen Einheit, engagiert den Önologen Louis Oudart. Auf Grinzane Cavour kreiert er aus Nebbiolo den ersten überragenden Rotwein des Piemont. Schon bald erfährt dieser Barolo überall nur die höchste Anerkennung.

1951

Zurück aus dem Bordelais, vinifiziert Max Schubert bei Penfolds aus Shiraz-Reben den berühmten Grange Hermitage, den wegweisenden Rotwein Australiens.

2000

Kein Jahrhundertjahrgang, aber in vielen Regionen gute Rote.

2010

Nach heftigen Debatten hat das internationale Weinparlament die umstrittene Verordnung erlassen, dass Weinzusatzstoffe – ähnlich wie es für Lebensmittel bereits vorgeschrieben ist – auf dem (Rück-) Etikett ausgewiesen werden müssen. Unter den mittlerweile mehr als 130 chemischen Substanzen, die sich im Wein befinden können, erscheinen außer den traditionellen Mitteln Schwefel und Kupfer zum Beispiel auch Phosphorsäure, Tetraconazol, Azinphos-Methyl, Fludioxonil, Chlorothalonil, Oryzalin, Dicofol, Pyrethrin, Metalaxyl, Lufenuron, Quizalofopethyl. Die Weinkonsumentenverbände aller Länder haben diesen mutigen Entschluss als einen längst fälligen Schritt in die richtige Richtung begrüßt, auch wenn nun zu befürchten steht, dass zahlreiche mittelständische Weinbetriebe in Zukunft nur noch Magnumflaschen abfüllen können.

Warum Rotwein so gesund ist

Wie eine Bombe schlug es ein: Dr. Serge Renaud erläuterte 1991 in der CBS-Sendung »60

niger Herzanfälle registriert wurden als in den USA. Weitere Untersuchungen führten zutage, dass

lich ist. In geringen täglichen Mengen kann selbst Alkohol mit seinen blutverdünnenden und

renden Polyphenole hinzu. Sie stärken Blutgefäße, verhindern Blutgerinn- sel und helfen gegen

minutes« eine Studie, nach der in Frankreich und in den mediterranen Ländern 40 % we-

dafür, neben der mediterranen Diät, der moderate, aber regelmäßige Rotweingenuss verantwort-

Kreislauf stimulierenden Wirkungen positiv sein. Im Rotwein kommen noch die antioxidie-

die freien Radikale, was die Wirkung von Rotwein gegen Krebs und Alzheimer nachwies.

Baden

Seit Rebensaft vergoren wird, reizt es die Menschen, darin zu baden. Sie träumen vom Wein als einem Jungbrunnen, dem man faltenfrei und voll neu gewonnener Vitalität entsteigt. Damals konnten sie nicht wissen, dass sie der Wahrheit recht nahe waren, als sie hoffnungsvoll in Rotwein eintauchten. Was nämlich sogar der Haut neue Straffheit und seidigen Glanz verleiht, sind die so viel gerühmten Polyphenole, jene Gerbstoffe, die auch der Arterienverkalkung entgegenwirken. Sie kommen hoch konzentriert in den Traubenkernen vor und bilden die Grundlage von Bädern und Anwendungen der jüngst entwickelten ›Vinotherapie‹.

in Wein

Die bekanntesten der 1000 im Wein enthaltenen Stoffe (neben Wasser, Alkohol und Restzucker):

Vitamingehalt (in mg/l)

	Most	Wein
Ascorbinsäure (Vitamin C)	38 – 95	0
Thiamin (Vitamin B1)	0,10 – 0,5	0,04 – 0,05
Riboflavin (Vitamin B2)	0,003 – 0,08	0,008 – 0,3
Pantothensäure (Vitamin B5)	0,5 – 1	0,4 – 1,2
Pyridoxin (Vitamin B6)	0,3 – 0,5	0,2 – 0,5

Mineralstoffgehalt (in g/l)

	Most	Wein
Kalium	1 – 2,5	0,7 – 1,5
Kalzium	0,04 – 0,25	0,01 – 0,2
Magnesium	0,05 – 0,2	0,05 – 0,2
Sodium	0,002 – 0,25	0,002 – 0,25
Eisen	0,002 – 0,005	0,002 – 0,02
Posphor	0,08 – 0,5	0,03 – 0,9
Mangan	0 – 0,05	0 – 0,05

Polyphenolgehalt (in g/l)

	Most	Wein
Anthocyane	0,004 – 0,9	0 – 0,5
Flavone	Spuren	0 – 0,05
Tannine	0,1 – 1,5	0,1 – 5

Das Geheimnis der Beere

Am Anfang ist die Beere. Denn sie birgt alles, was den Wein ergibt. Der Querschnitt einer roten Beere zeigt neben den Kernen ihr Fruchtfleisch, das 80–90 % des Gewichts ausmacht. Es besteht aus viel Wasser und Zucker und ist selbst bei roten Beeren immer ganz hell grünlich (ausgenommen bei den minderwertigen Färberreben). Das wirft nun die brisante Frage auf, wie aus dieser hellen Substanz ein dunkelroter Wein werden kann?
Das ganze Geheimnis liegt natürlich in der dunklen Schale. Sie hortet die Mehrzahl aller weiteren Stoffe, auf die es beim Wein ankommt: allen voran die Aroma- und Farbstoffe sowie die feinsten der Tannine. Die restlichen sind in Kernen und Rappen enthalten. Beim Vinifizieren von Rotwein geht es auch darum, diese Tannine freizusetzen und gezielt zu benutzen. Denn ihre richtige Behandlung zählt zu den entscheidenden Qualitätskriterien, wenn der Rotwein im Glas ist.

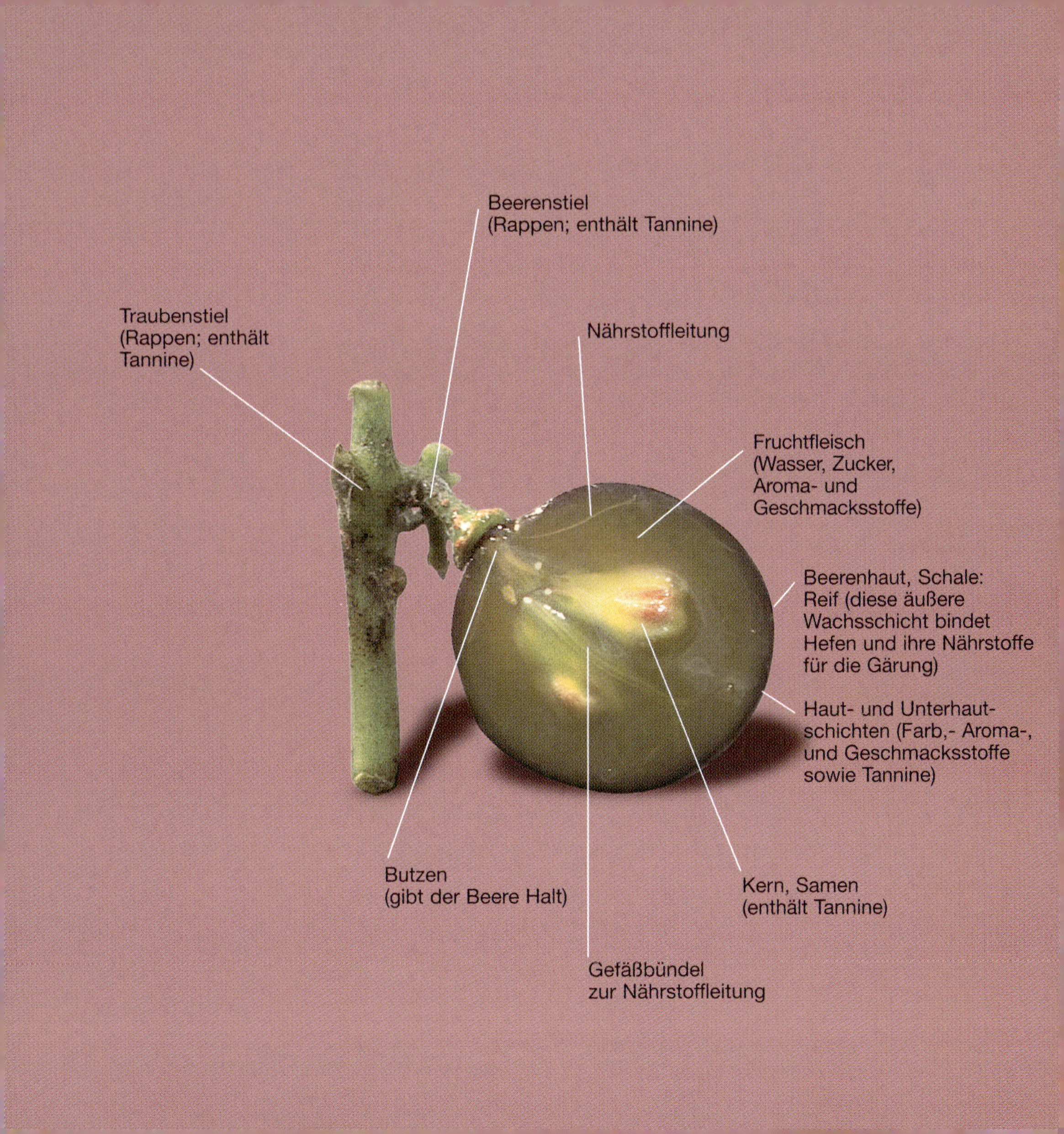
Beerenstiel
(Rappen; enthält Tannine)
Traubenstiel
(Rappen; enthält
Tannine)
Nährstoffleitung
Fruchtfleisch
(Wasser, Zucker,
Aroma- und
Geschmacksstoffe)
Beerenhaut, Schale:
Reif (diese äußere
Wachsschicht bindet
Hefen und ihre Nährstoffe
für die Gärung)
Haut- und Unterhaut-
schichten (Farb,- Aroma-,
und Geschmacksstoffe
sowie Tannine)
Butzen
(gibt der Beere Halt)
Kern, Samen
(enthält Tannine)
Gefäßbündel
zur Nährstoffleitung

TOP

Internationale Hitparade der Rotweine

1 Merlot
voll, rund, samtig, fruchtig mit sanften Tanninen, lagerfähig; international in Mode.

2 Cabernet Sauvignon
sehr komplex, kraftvoll, Cassis- & Zedernoten, tanninbetont, gut alternd; weltweit hoch geschätzt.

3 Syrah
sehr aromatisch, komplex, Fülle, Kraft & feine Tannine; gewinnt immer mehr Liebhaber.

4 Pinot Noir
oder Spätburgunder gilt als feinste Rotweinsorte; superbe Frucht, Finesse edle Tannine, haltbar.

5 Tempranillo
ist Spaniens edelste Sorte, fruchtbetont, mit eleganten Tanninen; ausgezeichnet alternd.

10

Aufsteiger des Jahres

6 Sangiovese
in Italien an Fläche die Nr. 1; aromatisch, lebendige Säure, feine Tannine, lagerfähig.

7 Garnacha Tinta
oder Grenache Noir, Kirscharoma, füllig, sehr rund; zunehmend Weine mit Charakter.

8 Barbera
vom Alltagstropfen zum Star aus dem Barrique; mit reizvoller Frucht, Vielfalt und Struktur.

9 Zinfandel
Kaliforniens Kultwein; Brombeeren & Kompott, viel Würze & Tannine, samtig & voll.

10 Malbec
zeigt in Argentinien opulente Fruchtigkeit & sanfte Tannine; taugt zum Aufsteiger.

Nebbiolo
schenkt nur im Piemont so unglaublich komplexe und fast ewig alternde Weine wie den Barolo.

Cabernet Franc
läuft an der Loire seit kurzem zu Höchstform auf; köstliche Frucht, samtener Körper, Stil.

Mourvèdre
spät reifend und heikel, aber superbe Tannine, altert vorzüglich und erreicht große Finesse.

Pinotage
Südafrikas Starsorte: intensive rote Beeren, würzige Kräuter, gute Struktur und Potenzial.

Blaufränkisch
oder Lemberger: eigenständig, süße Frucht, gute Säure und feine Tannine, lagerfähig.

Geheimtipps und Spezialitäten

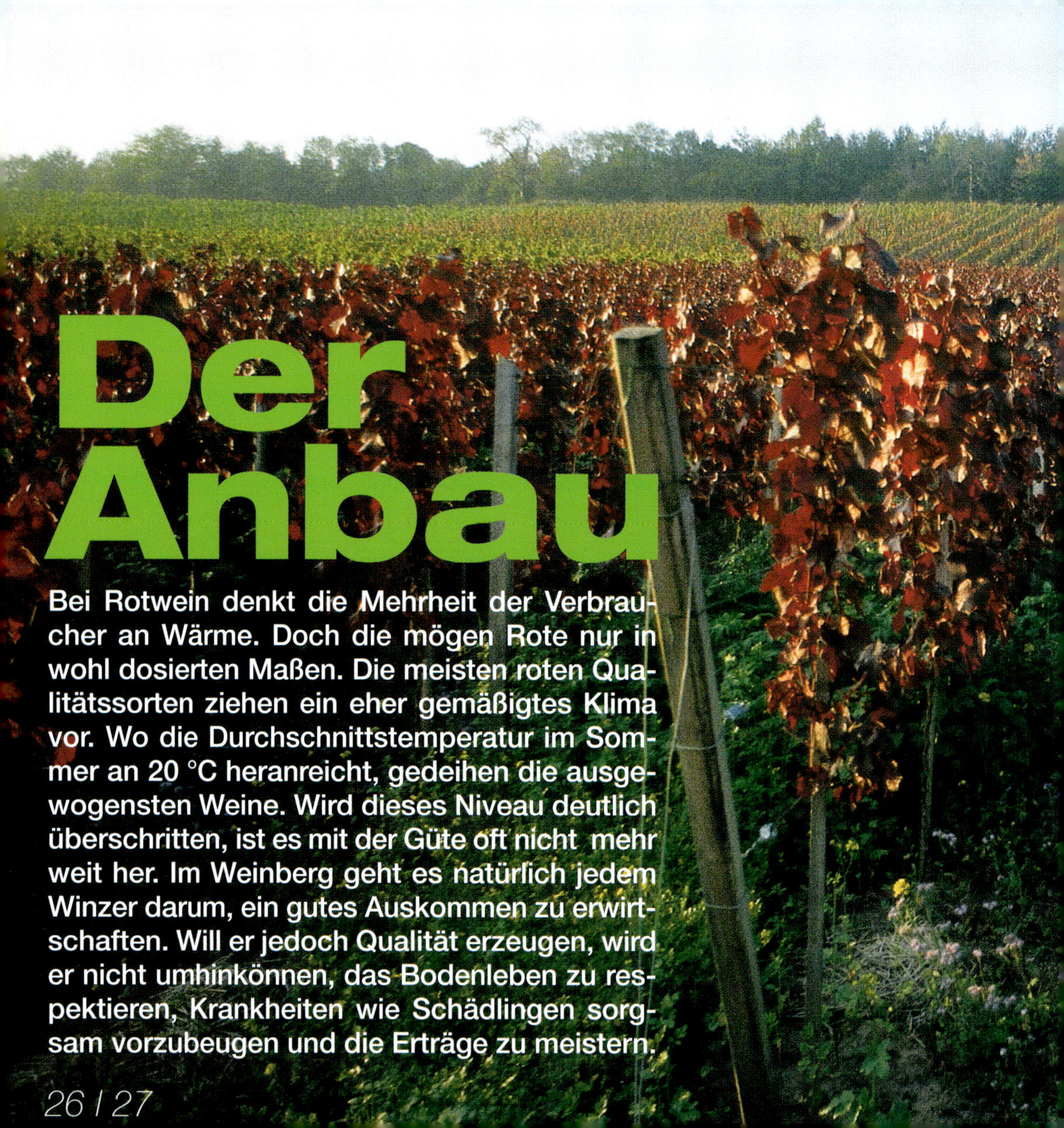

Der Anbau

Bei Rotwein denkt die Mehrheit der Verbraucher an Wärme. Doch die mögen Rote nur in wohl dosierten Maßen. Die meisten roten Qualitätssorten ziehen ein eher gemäßigtes Klima vor. Wo die Durchschnittstemperatur im Sommer an 20 °C heranreicht, gedeihen die ausgewogensten Weine. Wird dieses Niveau deutlich überschritten, ist es mit der Güte oft nicht mehr weit her. Im Weinberg geht es natürlich jedem Winzer darum, ein gutes Auskommen zu erwirtschaften. Will er jedoch Qualität erzeugen, wird er nicht umhinkönnen, das Bodenleben zu respektieren, Krankheiten wie Schädlingen sorgsam vorzubeugen und die Erträge zu meistern.

1 4 2 5 3 6

1 Steile Hänge an der Ahr
4 Terrassen des Douro-Tals

2 Ideales Gefälle im Burgund
5 Schieferlagen im Priorato

3 Steinlagen an der Rhône
6 Kalkige Mergel im Piemont

Das Terroir

Was bedeutet dieses viel gemurmelte magische Zauberwort? Es meint das Zusammenspiel von Boden, Ausrichtung, Klima, Rebsorte und – Winzer, dem es obliegt, dies alles in seinem Wein zum Ausdruck zu bringen. Wird das Terroir respektiert, entstehen Weine mit individueller, unverfälschter und unnachahmlicher Persönlichkeit. Dann wird Wein zum Kunstwerk. Der Winzer bewältigt diese Aufgabe nicht allein, er braucht milliardenfache Unterstützung: Nur die intakte Mikroflora in lebendem Boden bringt den Austausch zwischen Rebe und Boden- bzw. Gesteinsart zustande. Und nur so vermag der Standort einer Sorte seinen Stempel aufzudrücken. Daher würden die weltbesten Winzer nichts auf ihre Mikroben kommen lassen.

Die Lese

Die Lese von Hand bleibt die schonendste Traubenernte.

Sie ist zweifellos der Höhepunkt im Jahr jedes Winzers. Ihr zittert er entgegen. Die letzten zwei, drei Wochen vor der Lese nehmen noch entscheidenden Einfluss auf die spätere Weinqualität, die doch nicht zuletzt von der optimalen Reife abhängt. Diese entscheidet über die Konzentration an Fruchtzucker in den Beeren, die für den ausreichenden Alkoholgehalt verantwortlich ist. Die aromatische Reife ist Voraussetzung, sollen die Aromastoffe im Most ihren Höhepunkt erreichen. Unverzichtbar für Rotwein ist die phenolische Reife, die Farbstoffe (Anthocyane) und Tannine beeinflusst. Im Idealfall sollte sich alles im gleichen Reifestadium befinden, doch in vielen Jahren wird es der gewissenhafte Winzer riskieren, die roten Trauben einige Tage länger hängen zu lassen, damit ihre Gerbstoffe voll ausreifen können und später keinen unerwünschten ›grünen‹ Geschmack verursachen.

Der Verlauf der Blüte stellt die Weichen für die spätere Lese.

Schnell bilden sich die Beeren, die 100 Tage lang wachsen.

Vor der Lese wird das Mostgewicht täglich überprüft.

In der Maische liegt die Würze. Die Beerenschalen bergen Farbstoffe, Aromen und Tannine. Gemahlen kommen sie dann mit dem gärenden Most in optimalen Kontakt. Darum geht es. Weniger um die Kürze.

Maischegärung

Überpumpen ist eine wirksame Methode, um den Schalen ein Maximum an Farb-, Gerb- und Aromastoffen zu entziehen.

Nun kann man den werdenden Wein aber nicht einfach auf der Maische sich selbst überlassen. Denn nach kurzer Zeit steigen die Schalen, der sogenannte Tresterhut, an die Oberfläche des gärenden Mosts, was zur Folge hat, dass sie nicht ausreichend damit in Berührung kommen. Um die weitere Extraktion zu fördern, gibt es verschiedene Möglichkeiten. Beim Überpumpen, der Remontage, lässt man den Wein unten aus dem Tank ab und pumpt ihn oben wieder hinein. Bei der Délestage zieht man den Most völlig ab, sodass der Tresterhut auf den Tankboden fällt, und gießt von oben wieder auf.
Die sanfteste Methode ist die Pigeage. Dabei zerstampft man den Tresterhut und taucht ihn in den Wein unter, entweder mit den Füßen oder mechanisch. So kann der Rotwein Farbe, Aromen und Tannine am besten aufnehmen.

und Pigeage

Barrique

Eins hatten die Kelten den Römern voraus: das Fass. Doch schnell ließen letztere sich bekehren und akzeptierten diesen hölzernen ›Schlauch‹ als bevorzugten Weinbehälter, insbesondere wenn es Wein zu transportieren galt. Deshalb waren die Fässer aus stabilen Dauben gefertigt und besaßen je nach Region unterschiedliche Volumen.
Für einfachere Weine waren Fässer mit 500 bis 600 Litern Inhalt, sogenannte Halb-Stück-Fässer, meistgewährtes Pfandgut. Doch in den Regionen mit edleren Tropfen, allen voran Bordeaux und Burgund, verlegte man sich schon bald auf kleinere Gebinde.
Mit dem Aufkommen der Château-Weine in Bordeaux kam den Fässern mehr Beachtung zu. Man erneuerte häufiger mal eines der 225 Liter fassenden Barriques, man desinfizierte sie mit Schwefel und achtete darauf, dass sie immer spundvoll waren. Denn der

Ausbau im Eichenholzfass ist für hochwertige Rotweine unerlässlich. Das Fass gewährt einen behutsamen Austausch mit der Luft. Diese sanfte Oxidation hilft dem Wein zu reifen, komplexere Aromen zu entwickeln und seine Tannine abzurunden. Die Barrique-Manie unserer Zeit ist eine neue Erfindung. Nach den Fortschritten in der Vinifikation erkannten Önologen auch die positiven Effekte neuen Eichenholzes: sein Vanillin bereichert Bukett und Geschmack, seine Tannine verfeinern die des Weins. Kalifornische Winemaker setzten als erste bewusst bestes abgelagertes Holz ein. Inzwischen sind Barriques weltweit verbreitet – und Schlitzohren parfümieren simple Weine mit billigen Eichenchips: die reine Kosmetik.

Eichenchips im Tank zur Barriques-Imitation

Rotwein

Leichtgewichte

Die Roten kommen in unterschiedlichen Gewichtsklassen daher. Als Anfänger sollte man sich lieber nur mit den Leichtgewichten einlassen. Sie kehren rote Fruchtaromen hervor, besitzen oftmals eine angenehme Frische und nur wenig Tannine. Dazu zählen Primeurs, Beaujolais, Valpolicella.

Mittelgewicht bringen viele Rebsorten und Herkünfte in den Ring. Bei ihnen geht es nicht um Kraft, sondern mehr um Geschmeidigkeit und Eleganz. Pinot Noir und Sangiovese treten hier an, ebenso wie viele der klassischen, wohl temperierten Weinregionen.

Klassen

Schwergewichte

Aufgepasst: In dieser Klasse muss schon einiges an Kraft und Power aufgeboten werden. Vor allem ein festes Tanninrückgrat. So trifft man hier auf gute Cabernet Sauvignons, z. B. aus dem Médoc, auch auf Syrahs oder Baroli.

Im Superschwergewicht kommt beachtliches Körpervolumen und starker Alkohol auf die Waage. Premium-Shiraz streitet hier mit mächtigen Napa-Cuvées. Priorat, Châteauneuf und beste Midi-Crus können problemlos mithalten.

1938, 16 Jahre

Lebenserwartung

Wein hat den steiermärkischen Winzer Walter Skoff sein ganzes Leben lang begleitet. Dass er sich heute mit seinen 80 Jahren noch immer so rüstig und glücklich fühlt, schreibt er nicht zuletzt seinem täglichen Schoppen zu.

Wie aber steht es mit der Lebenserwartung des Weins? Da sollte man sich keine Illusionen machen!

1. Kein Rotwein hält ewig, vor allem keine Alltags- oder Ferienweine.
2. Aus einem rauen, harten, mageren Roten wird nie ein großer und harmonischer Tropfen werden.
3. Hochpreisige Kultweine garantieren keineswegs hohes Alterungspotenzial. Oft ist es unbekannt.

Merke: Jeder (Rot)Wein hat seine individuelle Lebenserwartung. Bei allen aber gibt es in der Regel fünf Phasen der Entwicklung, die sie durchlaufen.

1942, 20 Jahre

In der Jugend besitzen sie den Charme der primären Frucht. Oft folgt ein eher unattraktives, verschlossenes Übergangsstadium. Dann beginnen sie ihre Sekundär- und Tertiäraromen zunehmend zu entfalten, bis sie ihren Höhepunkt erreichen. Darauf verweilen sie kürzer oder länger, um danach ziemlich rapide abzubauen und aromatisch zu zerfallen.

Je nach Struktur ereignen sich diese Phasen in einem anderen Zeitraum. Bei einem leichten Roten währt er ein bis drei Jahre. Nur Weine mit hoher Konzentration überdauern Jahrzehnte.

1972, 50 Jahre

1986, 64 Jahre

2002, 80 Jahre

»Wie lange kann ich diesen Rotwein lagern?« Kaum ein Winzer oder Weinhändler, dem diese Frage nicht in den Ohren klingt. Doch neun von zehn der fragenden Käufer haben besagten Roten in den nächsten 48 Stunden bereits getrunken!

Rottöne

Orange
schimmern gealterte Weine mit wenig stabiler Farbstruktur wie Barolo und Barbaresco. Als Randtönung im Glas zeigt es bei farbintensiven Sorten ein bereits fortgeschrittenes Alter an.

Schwarz
Fast tintenschwarz wirken junge Rotweine aus farbintensiven Rebsorten wie Tannat und Malbec, wenn sie in langer Maischegärung vinifiziert werden.

Braunrot
erscheint der Farbton vieler alter, konzentrierter Weine.

Schwarzviolett
geben sich sehr junge, reife Sorten mit dickeren Schalen wie Cabernet Franc, Syrah, Zinfandel.

Dunkles Kirschrot
zeigt das noch frische Dunkelrot junger Rotweine mit guter Extraktion, aber nur mittlerer Farbintensität wie Garnacha, Cinsault etc.

Helles Kirschrot
ist die Farbe von wenig extrahierten Rotweinen, besonders aus nördlichen Anbauregionen wie Deutschland oder bei roten Massenweinen.

Dunkles Rubin
weisen Weine mit guter Farbkonzentration auf, die 1–2 Jahre in der Flasche sind; typisch für Bordeaux.

Purpurrot
Tiefrot mit Violettreflexen präsentieren sich junge Weine mit guter Konzentration z. B. aus Pinot Noir, Nebbiolo, Barbera.

Mittleres Rubin
tritt bei zwei, drei Jahre alten Weinen mittlerer Struktur wie Chianti oder Rioja auf.

Schwarzkirschrot
Sehr tiefes Rot mit schwarzen Reflexen kennzeichnet hochwertige junge Weine, z. B. aus Cabernet, Syrah oder Tempranilla mit langen Maischestandzeiten.

Blaurot
sind Sorten wie Blaufränkisch oder Portugieser, wenn die Farbstoffe gut extrahiert wurden.

Violett
Ein brillant durchschimmerndes Violett zeichnet sehr junge Rotweine mit mittlerer Extraktion aus Sorten wie Syrah, Dolcetto, Gamay, Dornfelder etc. aus.

Der Geruch

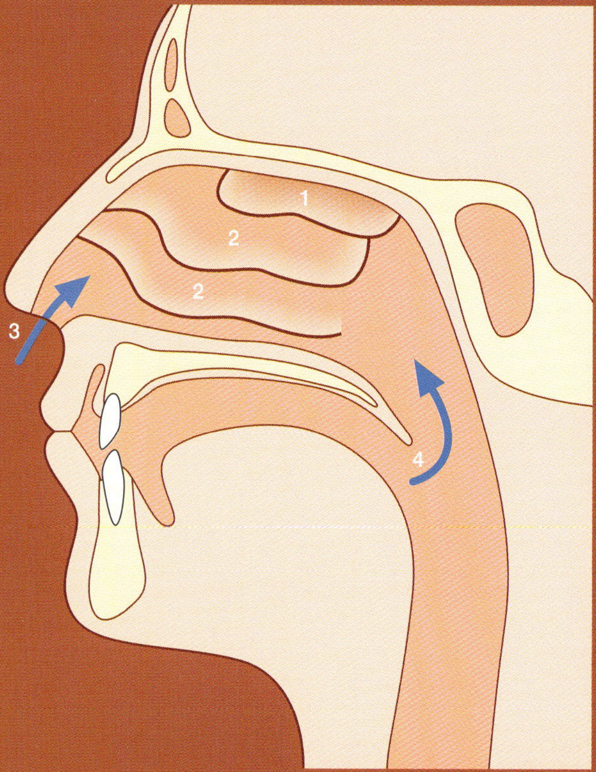

Der Geruch – die Nase – eines Weins ist bei weitem komplexer als sein Geschmack. Verantwortlich dafür ist unser Riechorgan. Sein Zentrum, das $2\frac{1}{2}\ cm^2$ große Riechfeld (1), befindet sich in der obersten der drei Nasenmuscheln (2). Dort harren 10 Millionen Nervenzellen auf Duftstoffmoleküle. Diese gelangen zunächst durch das Einatmen (3) dorthin (bei Kennern ist es ein intensives Schnüffeln). Zusätzlich steigen Düfte auch aus dem Mundraum (4) auf. Die Identifizierung der Duftstoffmolekülinformationen erfolgt schließlich im Gehirn.

Querschnitt durch das Riechfeld: Unter dem Schleimfilm befinden sich zwischen Stütz- und Basalzellen die eigentlichen (hier gelben) Riechzellen. Sie strecken ihre von den Riechkolben ausgehenden Riechhärchen nach Duftmolekülen aus. Darunter befindet sich das Bindegewebe.

Der Geschmack

Die Zunge kann nur die Geschmacksrichtungen süß, salzig, sauer und bitter unterscheiden. Hinzu kommt im Rachenraum die Wahrnehmung der Textur, also von dick- oder dünnflüssig, von ölig oder trocken. Alle Aromen werden jedoch zusätzlich vom Riechfeld erfasst, wohin sie durch den retronasalen Kanal gelangen. Versierte Verkoster ziehen daher beim Probieren oft Luft gemeinsam mit dem Wein in den Mund ein.

Die Papillen (siehe unten), in deren obere Hautschicht, dem Epithel, die Geschmacksknospen eingebettet sind, nehmen geschmackliche Reize besonders stark im Bereich der Zungenwurzel wahr.

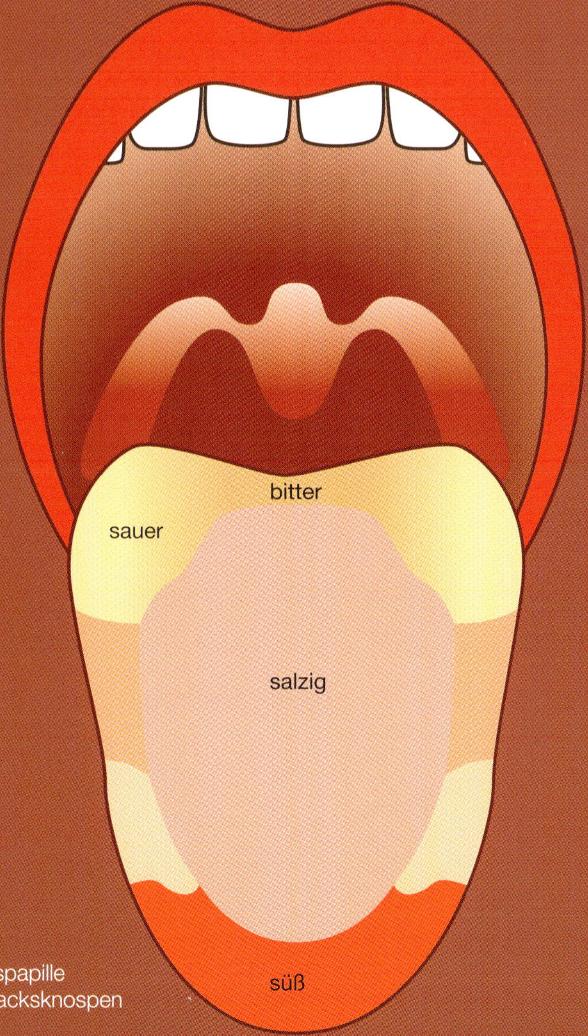

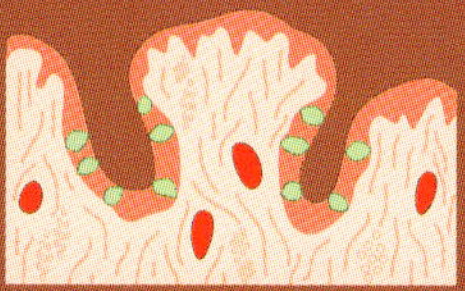

Geschmackspapille mit Geschmacksknospen

Rote probieren und leeren

Gemeinsam die Nase ins Glas zu stecken zählt zu den vergnüglichsten Beschäftigungen aller Weinfreaks. Mögen solche Erlebnisse auch feucht-fröhlich enden, zuerst heißt es, den entspannten Genuss hintanzustellen. Konzentration ist gefordert, zunächst über und hinter dem Glas, um die Sinneseindrücke wahrzunehmen, die jeder Wein hervorruft. Es gilt sie zu vergleichen, zu analysieren, in Worte zu fassen. Zuerst stolpern die Sinne über den Farbton des Weins. Doch den sollte man besser später als Bestätigung anderer Eindrücke einsetzen, statt ihn als Wegweiser zu nutzen.

Vorrangige Bedeutung kommt dem Duft des Weins zu, seiner ›Nase‹. Denn sie übermittelt seine differenzierteste Visitenkarte. Je großartiger der Wein, desto vielfältiger ist sie, und desto mehr Muße verlangt ihre Ergündung.

Seit man weiß, dass allein die Nase Aromen wahrnehmen kann, hat der Geschmack seine ehemalige Vorrangstellung eingebüßt. Dennoch verdient er die volle Aufmerksamkeit. Zunächst nimmt die Zunge das Zusammenspiel der Grundgeschmacksrichtungen süß, sauer und bitter wahr sowie die Textur und Fülle des Weins. Vielfalt, Intensität und Länge der am Gaumen erlebten Noten zeugen eindeutig von der Güte des Weins. Tiefer im Rachenraum, wo es dann schon um den Abgang geht, sollten sich weitere aufregende Geschmackserlebnisse einstellen, vorausgesetzt, der Wein hat Klasse. Vorsicht bei zu kurzen Abgängen! Nicht umsonst besitzt Wein von allen Lebensmitteln die vielfältigste geschmackliche Ausdrucksfülle. Bleibt der fröhlichen Runde nach ihren belebenden Disputen über jede einzelne entkorkte Flasche nur noch der sogenannte ›belgische Test‹: abzumessen, welcher Wein offensichtlich den meisten Zuspruch finden konnte.

Als viele plötzlich

»rot« sahen

Feine Rotweine, die heute fast jeder Supermarkt in Auswahl anbietet, waren in vergangenen Jahrhunderten einer reichen, adligen Minderheit vorbehalten. Daneben wurde in allen Anbauregionen einfacher, derber Wein produziert, der dem niederen Volk dazu diente, die karge Nahrung runterzuspülen. Außerdem lieferte er dringend benötigte zusätzliche Energien. Denn damals wurde körperlich hart gearbeitet, ob auf dem Land oder in der Stadt.

Um die französischen Industriearbeiter bei Kraft – und Laune – zu halten, floss im 19. Jahrhundert ein zweifelhaftes rotes Meer vom Süden in den Norden: der Gros Rouge war geboren. In plastikverstöpselten, aber sterngeschmückten Pfandflaschen eroberte er später die Nachkriegshaushalte. Die Wirtschaft erholte sich langsam, und die Lust auf roten Wein erwachte auch im grauen Norden. Zwei-Liter-Flaschen prickelnd-süßlicher Lambrusco oder süß abgeschmeckter Amselfelder und Kadarkas erleichterten ungeübten Konsumenten die Fühlungnahme mit den Roten. Dagegen nahmen sich der herbsaure Chianti in seinem geflochtenen Fiasko und der auf der weltweiten Pizza-Welle schwappende Valpolicella fast wie Puristen aus. Hinz und Kunz gingen mit Kind und Kegel essen und genehmigten sich dazu auch eine Flasche Wein. Seitdem obliegt es Marketing- und Verpackungsexperten, Massen von Wein an Massen von Leute zu bringen. Da sind ihnen selbst Plastikflaschen oder Wein-›Tüten‹ recht – und ihren Zielgruppen billig.

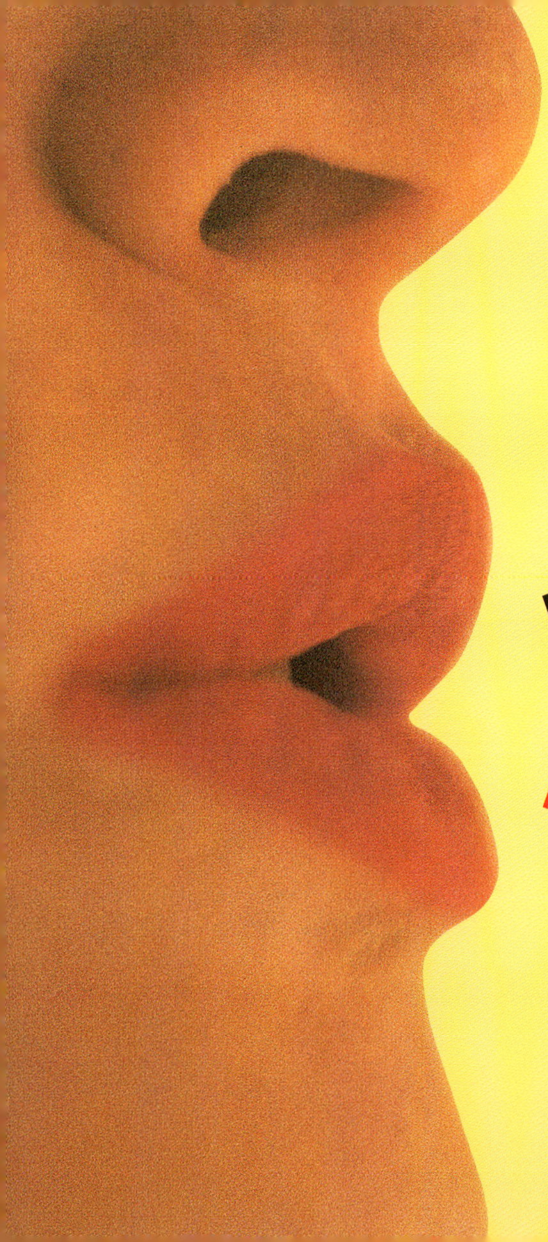

Man

spricht

rot

angenehm
animalisch
aromatisch
Brombeere
fein
fleischig
hart
Kirsche
Lakritz
lang
Langlebigkeit
mit Minzgeschmack
Paprikaschote
rauchig, geröstet
reichhaltig
rund
rustikal
samtig
Schwarze Johannisbeer
(gut) strukturiert, kraftvo
tanninreich
tiefdunkel
tiefgründig
unreif
verschmolzen
vielfältig
wuchtig
würzig riechend
Zeder

agréable	gradito, piacevole	agradable	pleasant
animal	animalesco	animal	gamy
aromatique	aromatico	aromático	aromatic
mûre	mora	mora	blackberry
fin	fine	fino	fine
charnu	carnoso	carnoso	fleshy
dur	duro	duro	hard
cérise	ciliegia	cereza	cherry
réglisse	liquirizia	regaliz	liquorice
long	lungo	largo	long
longévité	longevo	potencial de envejecimiento	long lifespan
mentholé	con aroma di menta	mentolado	minty
poivron	peperone	notas de pimiento	green or red pepper
fumée	fumoso	ahumado	smoky
riche	ricco	rico	rich
rond	armonico	redondo	round
rustique	rustico	rústico	rustic
velouté	vellutato	sedoso	velvety
cassis	ribes nero	cassis	black currant
charpenté	ben strutturato, robusto	estructurado	powerfull, robust
tannique	tannico	tánico	tannic
foncé	scuro	color profundo o oscuro	dark
profond	profondo	profundo	profound
végétal	acerbo	vegetal	unripe
fondu	fuso	meloso	mellow
complexe	complesso	complejo	complex
volumineux	voluminoso	voluminoso	big
épicé	con fragranza di spezie	especiado	spicy
cèdre	cedro	cedra	cedar

Trink

temperatur

Es ist eine weltweit verbreitete Unsitte, Rotweine zu warm zu servieren. Selbst in guten Restaurants glaubt man immer noch an das Märchen von der Zimmertemperatur. Das aber stammt – wie die meisten Märchen – aus einer Zeit, als es noch keine Zentralheizung und keine Balkone gab. Grundsätzlich sollte man Rotwein nie wärmer als 18 °C servieren und selbst das nur in Ausnahmefällen. Nur sehr tanninreiche Rote benötigen sie. Grundsätzlich sollte man zwei Dinge beherzigen:

1. Je leichter ein Rotwein strukturiert, je fruchtiger und jünger er ist, umso kühler sollte man ihn servieren. Die Untergrenze liegt bei 10 °C. Beispiele: Primeur- und Landweine mit 10–12 °C, Beaujolais, Valpolicella, Lemberger mit 12–13 °C.

2. Je kraftvoller und je älter der Rotwein ist, desto wärmer sollte man ihn genießen. Beispiele: Chianti, Rioja, Côtes du Rhône, Zinfandel mit 14–15 °C; Bourgogne mit 15–16 °C, Bordeaux mit 16–17 °C.

Ent...

Elektrischer Korkenheber

Flaschenentkorker mit Druckluft

Laguiole-Kellnerbesteck in T-Form mit offener Spirale, Kapselfolienmesser und klappbarem Flaschenhalsaufsatz

Doppel-Spiralkorkenzieher in T-Form mit Führung und Federwirkung

Klassische T-Form in modernem Design

Glockenkorkenzieher aus Kunststoff

Screwpull® mit offener Spirale, Führung, ausklappbarem Kapselfolienschneider und aufsteckbarem Griff

Doppelhebelkorkenzieher oder Schmetterling mit Führung

Screwpull® »Corkscrew« mit teflonbeschichteter Spirale und besonders leichter, sicherer Handhabung

Kellnerbesteck »Shark« in T-Form mit ausklappbarem Kapselfolienschneider und klappbarem Flaschenhalsaufsatz

Screwpull® in T-Form mit offener Spirale und Führung

korken

Nur im äußersten Notfall sollte man den Korken in die Flasche hineinstoßen. Zumal es – ungeschriebene – Regeln geben soll, denenzufolge Mann sich dabei mächtig ins Zeug legen muss …
Seit die Korken im 17. Jahrhundert die Flaschenhälse eroberten, ersinnen Tüftler den leichtesten Weg, sie wieder loszuwerden. Mittel der Wahl ist die offene Spirale (in ihr ›Herz‹ kann man einen Zahnstocher schieben) mit scharfer Spitze, die den Korken nicht unnötig beschädigt. Schmetterling oder Kellnerbesteck nutzen die Hebelwirkung, andere Modelle drehen eine Spirale in den Korken hinein und befördern ihn durch eine zweite über Federwirkung ohne viel Kraft heraus.

Lamellenzieher zum Ent- und Verkorken

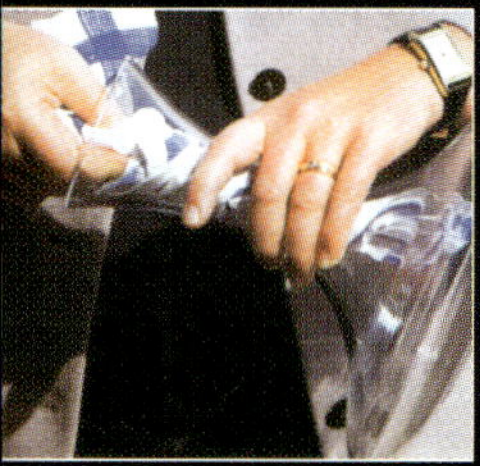

Oben: Mit warmem Wasser und sauberem Tuch lässt sich eine Karaffe bestens reinigen. Rückstände beseitigen Sauerstofftabletten.

Unten: Eine klassische Karaffenform ist die ›Ente‹.

DEKANTIEREN

Früher hat man nur alte Weine aus der Flasche in eine Karaffe umgefüllt. Besonders Rotweine oder Vintage-Ports können über die Jahre nicht unbeträchtliche Ablagerungen bilden. Um es zu vermeiden, dass ein solches Depot beim Ausgießen in die Gläser gelangen und den Genuss beeinträchtigen kann, gießt man den Wein – nachdem man die Flasche einige Stunden bis zwei Tage aufrecht gestellt hat – behutsam in eine Karaffe. Dabei beobachtet man den Flaschenhals über einer Lampe oder Kerze, um das Ausgießen im Moment zu stoppen, wo sich der Trub dort blicken lässt. Kleine Karaffen können für alten Wein vorteilhafter sein, da sie übermäßigen Sauerstoffkontakt und so das Oxidieren verhindern. Beste Dienste beim Servieren alter, kostbarer Kreszenzen leistet daher nicht selten der gewöhnliche Flaschenkorb. Viele noch junge Weine sind dagegen auf ausreichenden Sauerstoffkontakt angewiesen, um sich öffnen und die ganze Fülle ihrer Aromen entfalten zu könen. In einem solchen Fall sind großvolumige Karaffen vorzuziehen.

Durch die Schräglage im Korb vermeidet man das Aufrütteln des Depots.

G L Ä

Gereifte Weine
haben oft ein komplexes, aber fragiles Bukett entwickelt. Um es voll zu genießen, braucht es ein bauchiges, sich oben stark verjüngendes Glas.

Junge Rote
mit ihrer intensiven Frucht kommen ohne großen Glasballon zur Geltung. Eine hochstielige Tulpe wird ihren Anforderungen besser gerecht.

Burgunder
profitiert wie jeder würzige Rote mit vielen Beerennoten von bauchigen Gläsern mit nu
leicht verjügter und auskragender Öffnung

S E R

Chianti Classico
und andere Rote mit mittlerem Körper, leicht betonter Säure und dezenten Tanninen gewinnen in hohen Gläsern an Harmonie.

Sehr kraftvolle
Rote mit großer Dichte und ausgeprägten Tanninen benötigen viel Luft, daher ist für sie ein großes Glas mit hohem Kamin die ideale Wahl.

Samtige Weine
entfalten und konzentrieren ihre Aromen sehr gut im weiten, zum Rand nur leicht verjüngten Ballon.

Blindverkostung

»Wenn ein Wein mehr als 95 Punkte hat, kannst du ihn nicht bezahlen, wenn er zwischen 90 und 94 Punkte hat, kannst du ihn nirgends mehr finden, und wenn er 89 und weniger Punkte hat, will niemand ihn haben.«
Zitat eines amerikanischen Weinhändlers

Amerikanisches Punktsystem

95 –100	großartig, Weltklasse
90 – 94	hervorragend
85 – 89	gut bis sehr gut
80 – 84	ordentlich bis gut
75 – 79	durchschnittlich
70 – 74	unterdurchschnittlich
60 – 69	deutliche Mängel
50 – 59	völlig ungenügend

Französisches Punktsystem

18 – 20	absoluter Spitzenwein
16 – 17	herausragend, charaktervoll
14 – 15	überdurchschnittlich gut bis sehr gut
12 – 13	zufriedenstellend
10 – 11	noch ausreichend
7 – 9	schwach mit Mängeln
unter 7	grob fehlerhaft

Sterne-System

*****	absoluter Spitzenwein
****	herausragend, sehr empfehlenswert
***	gut bis sehr gut, empfehlenswert
**	recht gut, zufriedenstellend
*	noch zu akzeptieren

Sind wir nicht alle blind, wenn wir einen Wein im Glas haben, dessen Namen, Herkunft, Winzer wir kennen, den wir vielleicht schon mit Geliebten oder Freunden tranken oder zu passenden Gerichten genossen? Aus der Notwendigkeit heraus, die Qualität von Wein möglichst objektiv einzuschätzen, entstand die Blindverkostung. Dabei werden nicht die Augen verhüllt, sondern die Flaschen. Der Verkoster weiß nicht, von wem der Wein stammt, den er vor sich hat. In der Regel treten bei Blindverkostungen Weine aus einem Anbaugebiet gegeneinander an, bisweilen auch Weine aus einer bestimmten Rebsorte oder einer Marktkategorie. Die Verkoster konzentrieren sich auf Duft und Geschmack des jeweiligen Weins und begutachten auch seine Farbe. Oft notieren sie ihre Eindrücke in Stichworten, dann verteilen sie Punkte.

Furore gemacht hat der Amerikaner Robert Parker. In seiner Revue ›The Wine Advocat‹ legt er den Hauptwert auf die Benotung nach 100 Punkten. Dabei hat sein Urteil eine solche Marktrelevanz erlangt, dass es mittlerweile durchaus über das kommerzielle Schicksal eines Weins entscheiden kann.

Das Problem der Blindverkostungen besteht darin, dass oft 10, 20 und nicht selten mehr Weine auf einmal anstehen. Dann aber haben nur solche eine Chance, sich gegen ihre Konkurrenten durchzusetzen, die intensiver und mächtiger sind. Feine und raffinierte Weine müssen dabei auf der Strecke bleiben.

Nachweislich hat das, speziell bei Rotweinen, auf den Stil abgefärbt. Und manchen Winzern wird nachgesagt, dass sie Weine gezielt auf Verkostungen ›zuschneiden‹, die ganz besonders dunkel, fett und kraftvoll sind …

Rotweine

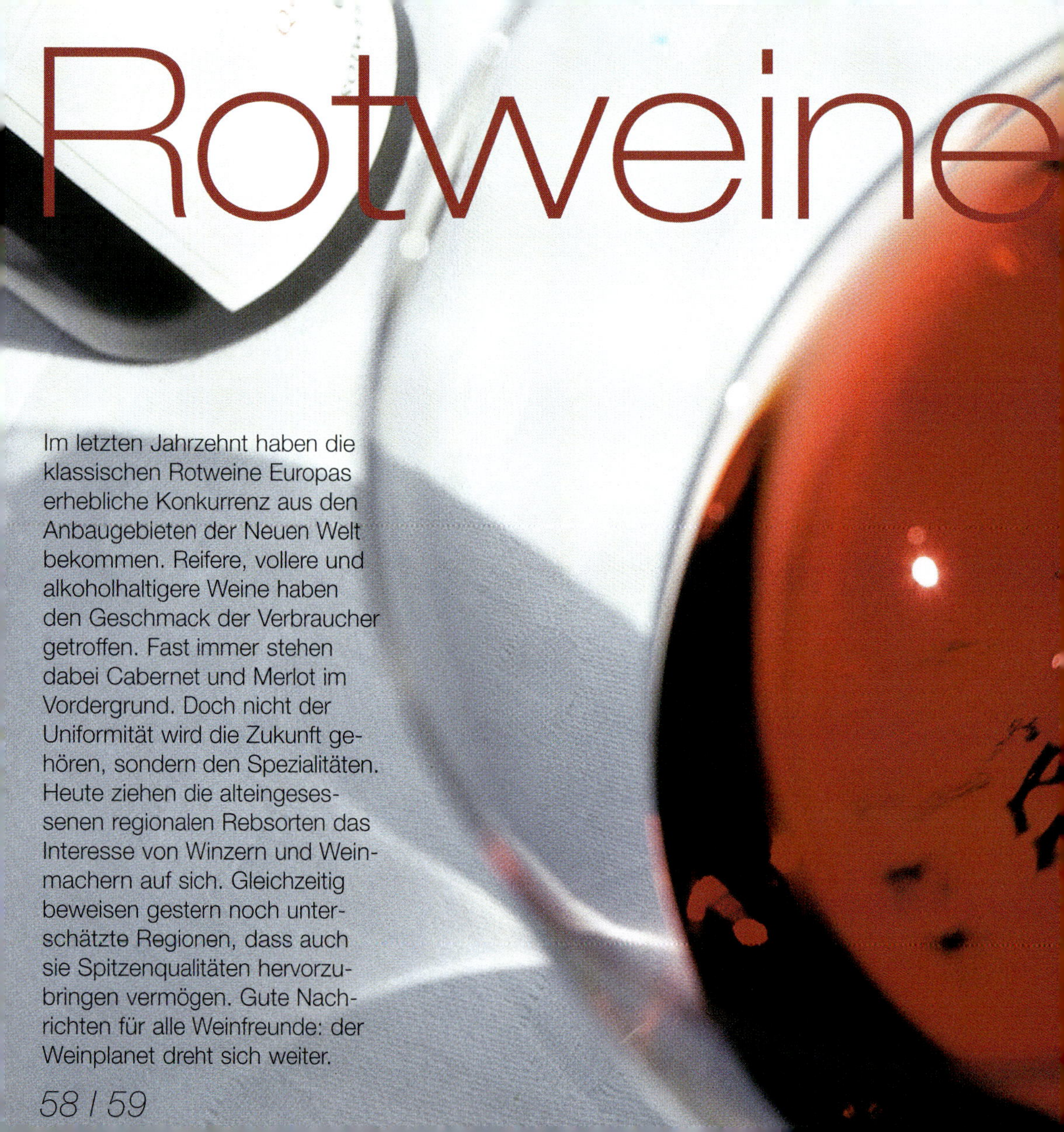

Im letzten Jahrzehnt haben die klassischen Rotweine Europas erhebliche Konkurrenz aus den Anbaugebieten der Neuen Welt bekommen. Reifere, vollere und alkoholhaltigere Weine haben den Geschmack der Verbraucher getroffen. Fast immer stehen dabei Cabernet und Merlot im Vordergrund. Doch nicht der Uniformität wird die Zukunft gehören, sondern den Spezialitäten. Heute ziehen die alteingesessenen regionalen Rebsorten das Interesse von Winzern und Weinmachern auf sich. Gleichzeitig beweisen gestern noch unterschätzte Regionen, dass auch sie Spitzenqualitäten hervorzubringen vermögen. Gute Nachrichten für alle Weinfreunde: der Weinplanet dreht sich weiter.

der Welt

Frankreich
Bordeaux
Südwesten
Loire

Bordeaux ist Frankreichs berühmteste Rotweinregion. Ihr Image wird seit 1855 von den 61 Crus Classés des Médoc getragen. In den Weinen des Médoc und der Graves gibt Cabernet Sauvignon den Ton an und liefert sehr gut alternde, jung oft verschlossene Weine von vielschichtigem Charakter. Auf der rechten Seite der Dordogne, zumal in Saint-Émilion und Pomerol, regiert der Merlot. Hier bestechen die Roten mit Samtigkeit und Harmonie. Die anderen Appellationen Südwestfrankreichs haben es schwer, sich gegen das mächtige Bordeaux zu behaupten. Am besten gelingt dies dem Madiran mit seinem kontrastreichen Tannat. Die dichtesten und haltbarsten Roten der Loire werden sortenrein aus Cabernet Franc gekeltert.

- **Gesamte Rebfläche:**
  914 000 Hektar
- **Weinproduktion:**
  5,3 Milliarden Liter
- **Bordeaux:**
  57 Appellationen
  110 000 Hektar Rebfläche
  Wichtigste Gebiete:
  Médoc: 69 Millionen Liter
  Graves: 20 Millionen Liter
  Saint-Émilion: 27 Millionen Liter
- **Südwesten:**
  27 Appellationen
  Wichtigste rote AOCs:
  Bergerac: 38 Millionen Liter
  Madiran: 7,1 Millionen Liter
  Cahors: 25 Millionen Liter
- **Loire-Tal:**
  42 Appellationen
  Beste rote AOCs:
  Saumur-Champigny:
  8,5 Millionen Liter
  Chinon: 11 Millionen Liter

Rechts der Dordogne

Superstar Pétrus

Château Pichon-

1 Cahors, 2 Madiran, 3 Médoc, 4 Saint-Émilion, 5 Saumur-Champigny, 6 Chinon

Mouton

An der Loire

Saint-Émilion

Die Brumonts im Madiran

Kreidekeller in Chinon

Frankreich

Bourgogne, Beaujolais, Rhône und Midi

Der Pinot Noir erreicht in der Bourgogne bei naturbewusster Pflege und niedrigen Erträgen das Optimum seines Ausdrucks. Dann schenkt er legendäre Weine von unerreichter Finesse. Auf ähnliche Weise hat der Gamay im Beaujolais sein gelobtes Land gefunden. Nicht der amüsante Primeur zeigt sein wahres Potenzial, sondern Crus wie Morgon, Fleurie oder Moulin-à-Vent. Im nördlichen Teil des Rhône-Tals bringt es die Syrah zu einmaliger Eleganz und Ausgewogenheit. An der südlichen Rhône liegen die Hochburgen des Grenache. Der Stil roter Provence-Weine ist mediterran und harmonisch. Im Languedoc-Roussillon überraschen mehr und mehr Winzer mit konzentrierten, feinen Roten.

- **Bourgogne:**
  81 Appellationen,
  davon 32 Grands Crus
  25 000 Hektar Rebfläch
  Produktion:
  180 Millionen Flascher
  davon 75 Millionen Ro
  Berühmteste rote AOC
  Chambertin, Clos de
  Vougeot, Pommard
- **Beaujolais:**
  23 000 Hektar Rebfläch
  140 Millionen Liter
- **Rhône:**
  60 000 Hektar Rebfläch
  290 Millionen Liter AO
- **Provence:**
  27 000 Hektar Rebfläc
  133 Millionen Liter AO
- **Languedoc-Roussillon**
  300 000 Hektar Rebfläc
  270 Millionen Liter AO

1 Languedoc-Roussillon, 2 Rhône,
3 Provence, 4 Beaujolais, 5 Bourgogne

Links: Clos de Vougeot mit Château und Kellerei

Rechts: Clos de la Maréchale, Premier Cru der AOC Nuits-Saint-Georges in der Gemeinde Premeaux

Links: Weinlese vor einem stattlichen Gutshaus an der Côte d'Or

Rechts: Hospices de Beaune

Côtes du Rhône des Château Mont-Redon in Châteauneuf-du-Pape

Links: Winzer-, Fischer- und Künstlerort Collioure im Roussillon

Rechts: Seit Generationen gehen die Weinberge vom Vater auf den Sohn, aber so ganz ziehen sich die Väter doch nicht zurück.

Montalcino in der Toskana

Vinotheka in Verona

Im Gebiet des Chianti Classico

Bartolo Mascarello, Verteidiger des traditionellen Barolo

Viamaggio in der Toskana

Italien

Piemont, Toskana, Süditalien

Fast nur im Piemont gedeiht der anspruchsvolle Nebbiolo, der mit Barolo und Barbaresco zwei der größten und begehrtesten Rotweine der Welt schenkt. Die Toskana ist die Heimat des Chianti und des Chianti Classico, aber auch des Brunello di Montalcino sowie des Vino Novile di Montepulciano, in denen der Sangiovese mit Frucht und Finesse brilliert. Längst aber sind die Super-Tuscans ein Begriff geworden, Spitzenweine, die meist auf Cabernet oder Merlot zurückgreifen. Mehr und mehr macht Süditalien auf sich aufmerksam. Dort überraschen Erzeuger mit roten Spezialitäten wie dem Aglianico in Kampanien oder der Basilicata, dem Nero d'Avola auf Sizilien oder dem Cannonau auf Sardinien.

- Gesamte Rebfläche:
  908 000 Hektar
- Weinproduktion:
  5,2 Milliarden Liter
- Piemont:
  40 000 Hektar Reben
  350 Millionen Liter DOC
- Toskana:
  38 000 Hektar Reben
  370 Millionen Liter DOC
- Sizilien:
  24 000 Hektar Reben
  85 Millionen Liter DOC

Barolo besitzt ein geradezu legendäres Alterungspotenzial

1 Sizilien, 2 Toskana, 3 Chianti, 4 Barolo, 5 Piemont

Ribera del Duero

Großer Rotwein

Besonnene Kastilier

Die Burg von Peñafiel

Spanien Rioja, Ribera del Duero, Priorato

In Spanien begegnen sich inzwischen zwei Rotweinwelten. Die althergebrachte bringt trinkreife Weine auf den Markt, bei Reservas und Gran Reservas solche, die drei bzw. fünf und oft mehr Jahre in Barriques und Flaschen reiften. Die moderne folgt dem internationalen Konzept, lässt die Weine kürzere Zeit in neueren Barriques und bringt sie heraus, wenn der Ausbau abgeschlossen ist. Rioja führt nach wie vor mit eleganten Roten, bei denen Tempranillo dominiert. Ein bedeutender Teil wird als fruchtiger Jungwein vermarktet. Ribera del Duero hat sich als hochklassige Herkunft für kraftvolle, sortenreine Tempranillos etabliert. Welches Potenzial in Spanien noch verborgen ist, zeigt das Priorato mit seinen grandiosen Weinen aus Garnacha und Cariñena.

- ✘ **Spanien:**
  Gesamte Rebfläche:
  1 170 000 Hektar
  3,2 Milliarden Liter
- ✘ **La Rioja:**
  54 000 Hektar Reben
  230 Millionen Liter
- ✘ **Ribera del Duero:**
  12 600 Hektar Reben
  24 Millionen Liter
- ✘ **Priorato:**
  1500 Hektar Reben
  1,9 Millionen Liter

- ✘ **Portugal:**
  Gesamte Rebfläche:
  260 000 Hektar
  0,7 Milliarden Liter

Portugal

Mit 500 einheimischen Rebsorten verfügt Portugal über ein enormes Potenzial. Hinzu kommt ein wacher Sinn für die Vorzüge der Tradition in Weinberg und Keller, ohne dass man sich gegen vernünftige Weintechnologie sperren würde. Neben den großen Rotweinregionen Douro, Bairrada und Dão machen immer mehr die Estremadura und vor allem der Alentejo dank zukunftsweisender Roter von sich reden.

1 Priorato, 2 Rioja, 3 Ribera del Duero, 4 Douro, 5 Dão, 6 Bairrada

Der Trott der Tradition

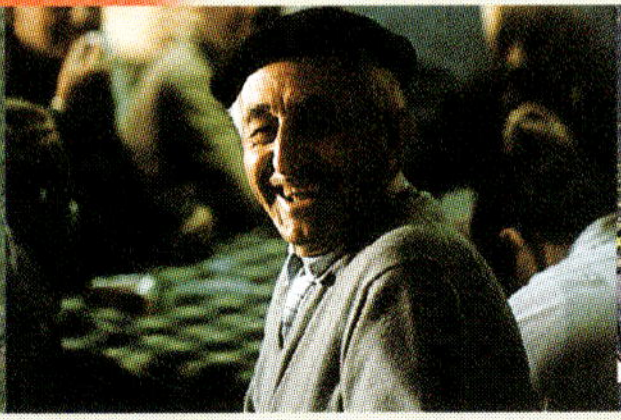

Zeit für einen Roten

(La Vieilla Baixa) im Priorato

Alter Garnacha

Weingut Ehrenstetten

Winzer Ellerguger

Badischer Wein

In der Pfalz

Rheingauer

Deutschland Schweiz Österreich

In Deutschland boomt der Rote. Man trinkt mehr Rot als Weiß. Die roten Anbauflächen weiten sich aus, jetzt sogar an der Mosel. Die Ahr zeigt sich stolz als nördlichste Rotweinregion von Rang. Aber feine Spätburgunder gelingen ebenfalls am Mittelrhein, im Rheingau und in Baden. Aus der Pfalz kommen zunehmend interessante Rote, auch als Cuvées. Die reizvollste Rotweinregion ist zweifellos Württemberg, wo man nicht zuletzt superbe Lemberger erzeugt.

Im Schweizer Tessin läuft der Merlot zu bemerkenswerter Klasse auf. Der Osten der Schweiz eignet sich dagegen vorzüglich für Pinot Noir, während man im Kanton Genf eine Schwäche für Gamay entwickelt hat. Zu Recht, wie man nach Kostproben weiß.
Österreich setzt die Weinwelt mit der hohen Qualität seiner Roten in Erstaunen. Ob man sie aus Cabernet, Merlot oder Pinot, aus Blaufränkisch oder Zweigelt keltert, ob sie aus dem Weinviertel, Wien oder dem Burgenland stammen, sie bieten viel Frucht und Dichte.

- **Deutschland: 105 000 Hektar, davon 20 000 ha rote Sorten 900 Millionen Liter**
- **Ahr: 525 Hektar, davon 300 ha Spätburgunder**
- **Schweiz: 15000 Hektar 120 Millionen Liter**
- **Tessin: 961 Hektar, davon 93% Merlot**
- **Österreich: 51000 Hektar 250 Millionen Liter**
- **Rote Sorten: 25,5 % Zweigelt: 9% = 4350 ha Blaufränkisch: 5,4% = 2650 ha**

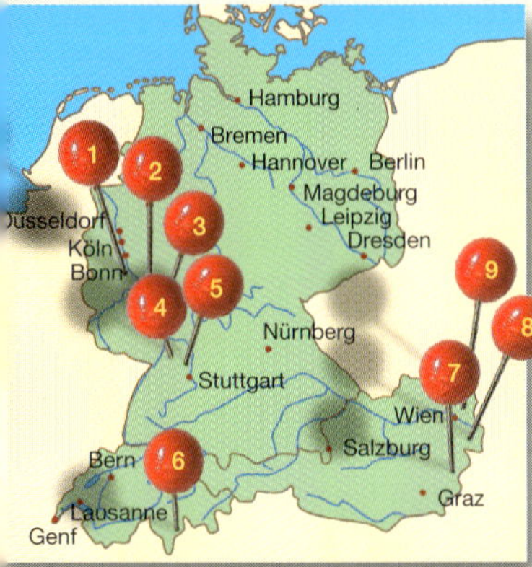

Ahr, 2 Mittelrhein, 3 Rheingau, 4 Pfalz,
Württemberg, 6 Tessin, 7 Burgenland,
Wien, 9 Weinviertel

Vinothek Deutschkreuz

Weingut R. Pfaffl im Weinviertel

La Maison Carrée in Auvernier

USA
Kalifornien, Washington, Oregor

Als 1976 bei einer vergleichenden Weinprobe in Paris der Ca bernet Sauvignon der Stag's Leap Winery die Phalanx der sieg gewohnten Crus Classés aus dem Médoc deutlich hinter sic ließ, drang es Weinfreunden weltweit ins Bewusstsein, dass di USA hervorragende Weine zu bieten hatten. Zunächst wurd man auf Napa und Sonoma Valley, nördlich von San Franciscc aufmerksam. Dort sind inzwischen Rutherford, Oakville un andere Orte als legendäre Herkünfte für Cabernets berühm Weiter im Süden haben sich Paso Robles und Sant Barbara mit Rhône-Sorten und Pinot profiliert. In de letzten Jahren überzeugen auch in den Staaten Orego und Washington viele Wineries mit hochwertigen Roter Aus dem Willamette Valley in Oregon kommen imme bessere Pinot Noirs. Am Columbi River in Washington reifen da gegen exzellente Cabernet und Merlotweine.

- ✗ 410 000 Hektar Rebfläche
  2 Milliarden Liter
- ✗ AVA (American Viticultural Areas):
  85 in Kalifornien
  6 in Oregon
  5 in Washington
  49 weitere in den USA
- ✗ Genannte Rebsorte: mindestens 75%
- ✗ Genannte AVA: mindestens 85%
- ✗ Genannter Weinberg: mindestens 95%
- ✗ Genannter Jahrgang: mindestens 95%

1 Kalifornien, 2 Napa, 3 Sonoma, 4 Oregon, 5 Washington

Zinfandel

In Washington

Weingut im Napa Valley

Weinversteigerung

Asado bei Trivento

Beliebte Demijohns

Topsorte Malbec

Argentinien und Chile

Argentinien ist, im Gegensatz zu den anderen südamerikanischen Staaten, ein Land der Weintrinker. Schließlich stammen viele seiner Einwohner ursprünglich aus Südeuropa. Sie brachten italienische, spanische und französische Rebsorten ins Land, darunter auch den Malbec. Er gewinnt am Fuß der Anden eine wunderbare Frucht und Samtigkeit und stellt die interessantesten Roten des Landes, gefolgt von Cabernet Sauvignon. Die großen Temperaturunterschiede zwischen Tag und Nacht verleihen ihnen intensive Aromatik und eine elegante Struktur.

Chile besitzt wohl die idealsten Bedingungen für Weinbau. Die Nähe des Pazifiks mäßigt das eher trockene Klima, und die vielen in den Anden entspringenden Flüsse sorgen für ausreichend Wasser in den Rebflächen. Dadurch kann jeder Erzeuger nach Wunsch die Erträge regulieren. Bislang werden vorwiegend sortenreine Cabernets und Merlots produziert. Carmenère gilt als Spezialität, und Syrah ist auf dem Vormarsch. Einige der besten Cuvées unterstreichen, dass man in Chile nicht nur angenehme, sondern auch große Rote zu erzeugen weiß.

- **Argentinien:**
  213 000 Hektar Reben
  1,6 Milliarden Liter
- **Provinz Mendoza:**
  144 000 Hektar Reben
- **Provinz San Juan:**
  49 000 Hektar Reben
- **Provinz La Rioja:**
  7000 Hektar Reben

- **Chile:**
  175 000 Hektar Reben (auch für Pisco, Saft und Tafeltrauben)
  0,55 Milliarden Liter
- **Region Maipo:**
  5100 Hektar Reben
- **Region Rapel-Tal:**
  9200 Hektar Reben

1 Rapel-Tal, 2 Maipo, 3 Mendoza,
4 San Juan, 5 La Rioja

Traditioneller
Ausbau in Chile

Immer gern zu
Pferd

Rote Wahl bei
Concha y Toro

1 Margaret River, 2 Barossa Valley, 3 Hunter Valley

- ✗ 160 000 Hektar
  Rebfläche
  1 Milliarde Liter
- ✗ Hunter Valley:
  2200 Hektar
  72 Wineries
- ✗ Barossa Valley:
  6700 Hektar
  53 Wineries
- ✗ Margaret River:
  3000 Hektar
  54 Wineries

Australien

Bereits im 19. Jahrhundert nahm der Weinbau »down under« beachtliche Dimensionen an. Damals standen Süßweine im Port- und Sherrystil auf der Beliebtheitsskala ganz oben. Erst in den 1950er Jahren, als viele neue Einwanderer aus den Mittelmeerländern eintrafen, wuchs die Nachfrage nach Tischweinen. Penfolds berühmt gewordener Weinmacher Max Schubert kreierte 1951 aus besten Shiraz-Trauben den Grange Hermitage. Doch erst ab 1962 erntete der den verdienten Ruhm und wies allen Winemakern den Weg. Offen für technische und önologische Neuerungen, entwickelten die Australier seither eine moderne Weinindustrie. Sie trägt dem Geschmack der Verbraucher Rechnung und bringt ihre Produktion mit versiertem Marketing in den Export. Überaus aromatischer, würziger und körperreicher Shiraz wurde unter den Roten ihr Aushängeschild, dicht gefolgt von Cabernets und Merlots.

Margaret River

Legendärer Grange Hermitage

Tarrawarra im Yarra Valley

Beim Pionier Moorilla Estate auf Tasmanien

Barossa Valley in Südaustralien

Südafrika

Zwei Ereignisse gaben Südafrikas Weinbau eine neue Zukunft. 1991 weckte die Aufhebung der Apartheid-Politik neues Interesse aus dem Ausland an den Weinen des Landes. Und 1992 bewirkte die Aufhebung des Quotensystems, mit dem die KWV, die Kooperatieve Wijnbouwers Vereniging, seit 1940 die gesamte Produktion kontrolliert hatte, eine neue Dynamik und führte zur Gründung neuer Güter und Weinfirmen. Endlich konnte man neue Anpflanzungen mit gesunden importierten Rebstöcken der weltweit anerkannten Sorten anlegen.

Seitdem wird Südafrika für Weinfreunde immer interessanter. Neben günstigen Massenweinen bieten inzwischen viele Erzeuger mittlere und höhere Qualitäten an, und es gelingen ihnen zunehmend attraktivere Weine. Mit dem fruchtig-würzigen Pinotage, der oft eine dezente Bananennote besitzt, verfügt man über eine reizvolle eigenständige Rebsorte. Aber auch gute Cabernets, Merlots sowie Bordeaux-Blends werden z. B. in Stellenbosch und Paarl erzeugt. Die Walker Bay erweist sich dagegen als ausgezeichnetes Terroir für den Pinot Noir.

Probe auf Mont Destin

Franschhoek

Siesta in Stellenbosch

- 118 000 Hektar Rebfläche
  660 Millionen Liter
- 70 Genossenschaften
  4600 Weinfarmer
  250 Selbstabfüller
- Region Stellenbosch:
  18 000 Hektar
- Region Paarl:
  19 500 Hektar
- Region Worcester:
  18 500 Hektar
- Region Robertson:
  14 000 Hektar

1 Stellenbosch, 2 Walker Bay,
3 Robertson, 4 Worcester, 5 Paarl

Veinlese in Paarl

Weinberg in Somerset

Stolze Lese

Weinfeste

Frankreich

✦ **Wechselnde Winzerdörfer im Burgund**
am 4. Wochenende im Januar
St. Vincent Tournante

✦ **Beaune**
3. Wochenende im November
Les Trois Glorieuses et Exposition Générale des Grands Vins de Bourgogne

✦ **Pauillac**
1. Samstag im September
Marathon de Pauillac

✦ **Bordeaux**
im Juli bei geraden Jahreszahlen
Fête du Vin

✦ **In vielen Beaujolais-Dörfern**
3. Donnerstag im November
Fête du Beaujolais Nouveau

Italien

✦ **Panzano (FI)**
3. Wochenende im September
Vino al Vino

✦ **Greve in Chianti (FI)**
2. Wochenende im September
Rassegna del Chianti Classico

✦ **Vagliagli (FI)**
3.–4. Wochenende im Sept.
Festa dell'Uva

✦ **Barolo (CN)**
2. Wochenende im September
Festa del Vino Barolo

✦ **Dogliani (CN)**
eine Woche im September
Sagra del Dolcetto di Dogliani

✦ **Auer/Ora (BZ)**
Ende Oktober
Unterlander Weinkostwoche

Spanien

✦ **Tacoronte (Teneriffa)**
3. Woche im Mai
Semana Vitivinícola alhondiga

✦ **Haro (La Rioja)**
im Juni
Batalla del Vino

✦ **Valdepeñas**
1. Woche im September
Fiesta de la Vendemia

✦ **Cariñena (Zaragoza)**
Mitte September
Fiesta de la Vendemia

✦ **Logroño (La Rioja)**
19. September
Fiesta de la Vendemia

✦ **Barbastro (Huesca)**
2. Oktoberhälfte
Fiesta del Vino del Somontano

Deutschland

✦ **Weinstadt-Beutelsberg**
3. Wochenende im Februar
Weintreff der Remstalroute

✦ **Stuttgart-Rotenberg**
4. Wochenende im Mai (Fr–So)
Schlossbergfestival

✦ **Mayschoss**
1. Sonntag im November
Jazz & Wein

✦ **Eltville**
1. Sonntag im Dezember
Erntedankfest der Rheingauer Winzer

Österreich

✦ **Kellergasse Jetzelsdorf**
3. Wochenende im September
Haugsdorfer Hüatagang

✦ **Gumpoldskirchen**
3. Wochenende im September
Stürmische Begegnungen auf der Sturm- und Mostmeile

✦ **Kellergstetten**
2. Samstag im Oktober
Poysdorfer Winzerlauf

✦ **Stolzendorfer Kellergasse**
2. Woche im November
Weinherbst

In den traditionellen Weinländern gibt es eine Fülle von Winzerfesten, die jedem und jeder offen stehen. Was man dort dann trinkt und speist, muss man allerdings begleichen. Manchmal erwirbt man auch nur ein Glas. Die Anzahl dieser Events ist so unüberschaubar, dass wir hier nur eine kleine Auswahl als Anregung liefern können. Auch in den Ländern der Neuen Welt, insbesondere in den USA, in Australien und in Neuseeland, häufen sich die Weinveranstaltungen. Doch in der Regel werden sie von einzelnen Wineries organisiert, wenden sich meist an – viel – zahlende Gäste und stellen nur eine begrenzte Anzahl von Plätzen zur Verfügung. In allen Ländern helfen die Touristenbüros Ihnen gern weiter. Achtung: Die hier angegebenen Daten können beweglich sein.

Welcher Rote passt zu ihr?

Mit Wein und Speise verhält es sich manchmal recht ähnlich wie mit Mann und Frau. Mal dominiert der eine, mal der andere Partner, mal hat man sich zum Fressen gern, und andermal kann man sich absolut nicht riechen. Mit etwas Aufmerksamkeit bringt man es aber zum harmonischen Zusammensein und wird dafür mit Momenten voller Leidenschaft belohnt.

- Fruchtbetonte Rote, die man am besten jung und kühl trinkt, bieten sich als Begleiter für unkomplizierte Speisen wie Pizza und Pasta, Würste und Schinken, Eintöpfe und Ragouts an.
- Elegante Rote mit feinen Tanninen vermählen sich gern mit raffinierten Partnern wie Carpaccios und Fleischpasteten, Waldpilzen und Wildgeflügel, Coq au Vin und Rinderfilet.
- Volle, samtige Rote sind Gemütsmenschen vergleichbar und passen zu vielen Partnern. Besonders gut verstehen sie sich mit mediterraner Küche voller Gemüse und Fleisch vom Grill.
- Dichte, tanninbetonte Rote gesellt man am besten zu üppigen Fleischgerichten mit kräftigen Saucen. Aber auch mit Braten von Rind, Lamm oder Wild kommt es zu einer harmonischen Verbindung.

Wann
Rot
zu Fisch

Rotwein zu Fisch zu kredenzen wäre in der Vergangenheit undenkbar gewesen, ja geradezu ungeheuerlich. Heute ist zum Glück alles erlaubt, was gut schmeckt. Damit steht geschmackvollen Abenteuern nichts mehr im Weg. Gleichwohl sind Fisch und Rotwein oft wirklich keine idealen Partner. Sicher passt zu einer zarten Seezunge kein Tanninungeheuer. Überhaupt sind konzentrierte und alkoholstarke Weine nicht die richtige Wahl. Aber zu vielen Fischen und Meeresfrüchten, vor allem wenn man sie brät oder grillt, empfiehlt sich ein fruchtiger Beaujolais, Bardolino oder Trollinger ebenso wie ein feiner Saumur-Chamigny. Lachs, Rotbarben und Thunfisch passen gegrillt sogar zu kräftigeren Roten wie Côtes du Rhône oder Merlots. Nicht nur die Zubereitungsart gibt einen Fingerzeig auf Rot, sondern auch die verwendeten Zutaten. Steinbutt mit Steinpilzen wird mit einem exquisiten roten Burgunder zu einem Hochgenuss. Wenn der Seeteufel auf Ratatouille angerichtet ist, darf man getrost an einen Roten aus der Provence denken. Wo aromatische mediterrane Kräuter einem Fisch ihr unvergleichliches Parfüm verleihen, da kommen selbst temperamentvolle rote Südländer in die engere Wahl. Und wenn Stockfisch deftig mit Kartoffeln zubereitet wird, warum sollte man dann nicht auch zur Abwechslung einen Rioja oder Navarra dazu servieren?

Dramaturgie in Rot

Hauptgang:
Lammkoteletts mit Röstkartoffeln und Ratatouille.
Dazu ein Rioja Gran Reserva, mindestens 6 Jahre alt.

Vorspeise:
Artischocken alla Romana mit San Daniele.
Dazu ein angenehm leichter Dolcetto.

Dessert:
Birne in Rotwein (mit einfachem Côtes du Rhône).
Dazu als Überraschung ein restsüßer Zinfandel aus Kalifornien.

Was in der Vergangenheit als Reihenfolge der Weine zu einem Menü empfohlen wurde – und manchmal heute noch wird –, artete stets in mindestens einen Mord aus: Der älteste und edelste Rotwein musste traditionell dem Käse ausgeliefert werden, womöglich noch einem gut gereiften. Dieser brachte dann mit seinem Fett und seiner Schärfe auch den feinsten Roten gnadenlos um. Nicht die geringste Chance ließ er ihm, seine filigranen, vielschichtigen Altersaromen zu entfalten. Daran sollte man immer denken, wenn man die Abfolge verschiedener Rotweine in einem Menü plant. Es bietet sich zwar an, mit jungen, leichteren Weinen zu beginnen, die kühler serviert werden. Doch falls man einen alten Roten öffnen möchte, ist vielleicht jetzt schon der beste Moment. Denn nach ihm sollten sich lieber Weine anschließen, die in ihrer Struktur dichter sind und präsentere Tannine besitzen. Kräftige, gut gewürzte, aber nur maßvoll gesalzene Speisen passen dazu ganz hervorragend. Zum krönenden Abschluss darf es dann gern auch ein schön samtiger, deutlich fruchtbetonter, ja sogar ein ausdrücklich lieblicher Roter sein.

Käse: Ami du Chambertin, Soumatrain, Cîteaux oder Chèvre aus dem Burgund. Dazu ein noch junger Pinot Noir aus dem Burgund von der Côte de Nuits.

Wie man ihn bettet ...

so altert er

Bei Tageslicht gebettet, wie unser bacchantischer Adonis, würde jeder Wein rasch Runzeln ansetzen. Denn Licht ist einer der ärgsten Feinde der Weinalterung. Dicht gefolgt von Wärme, vor allem von Wärmeschwankungen. Eine Temperatur über 15 °C wird den Reifeprozess in der Flasche deutlich beschleunigen. Ein ständiges Steigen und Fallen der Temperaturen lässt unsere Roten nicht nur nicht zur Ruhe kommen, es kann zur Folge haben, dass der Korken undicht wird. Hohe Luftfeuchtigkeit gilt als fördernder Umstand, Erschütterungen oder gar Gerüche sind es nicht. Bei dunkler Ruhe und feuchter Kühle gebettet, können Rotweine selbst Jahrzehnte altern, vorausgesetzt sie bringen die erforderliche Struktur mit.

Die besten Jahrgänge
sind immer diejenigen, die man hat. Nur muss man damit umzugehen verstehen. Wer wirklich Jahrgangswertungen beim Einkauf folgen will, muss die sämtlicher bedeutender Rotweingebiete studieren, Bordeaux allein reicht nicht. Weinfreaks kennen eine Faustregel: »Kaufe in schwachen Jahrgängen bei großen Winzern und in großen Jahrgängen bei kleinen Winzern.« Schwache Jahrgänge können bei frühzeitigem Genuss oft ein großes Vergnügen bereiten. Mittlere verdienen ein paar Jahre mehr an Reife, doch nur große Weine aus großen Jahren sollte man Jahrzehnte oder für die Nachkommen einlagern.

Linke Seite: So bettet sich der österreichische Wein-Adonis Leo Hillinger.

Ein gut bestückter Keller ist für Weinfreunde ein überaus reizvoller Anblick.

Rotwein und

Welchen Sinn würde es machen, nüchtern über diese Beziehung zu schreiben? Und darauf hinzuweisen, dass Rotwein das Hirn besser durchblutet, es mit mehr Sauerstoff versorgt, somit für alle Reize aufnahmefähiger macht und folglich auch die Libido fördert? Wer wüsste nicht, dass Rotwein zu helfen vermag, ene kleinlichen Schranken vergessen zu machen, die uns bisweilen von unserem Glück trennen? Zählt nicht vielmehr, dass Rotwein in der Farbe der Liebe daherkommt, durchdrungen von einer wohligen Wärme, die nur darauf wartet, geteilt zu werden? Und die Haut des Anderen so unvergleichlich samten macht …

die Liebe

Großmutters Stärkungstrunk

0,15 l Rotwein
1 EL Zucker
1 Eigelb

Rotwein in einen Glasbecher füllen, Zucker hineingeben und verrühren. Dann das Eigelb zufügen und gut verschlagen.

Drinks mit Rotwein

Türkenblut

1 unbehandelte Zitrone
Eiswürfel
1 Flasche Rotwein
1 Flasche Schaumwein

Die ungeschälte Zitrone in dünne Scheiben schneiden, entkernen und in einen 2-Liter-Krug geben. Eiswürfel hinzufügen und den Rotwein darüber gießen. 20 Minuten ziehen lassen. Dann die Zitronenscheiben entfernen und mit eisgekühltem Schaumwein aufgießen.

Claret Cup

3 EL Zucker
0,1 l Portwein
20 ml Curaçao
Saft von 1 Zitrone
1 Flasche Bordeaux
1 Flasche Mineralwasser
10 Erdbeeren
1 Stück Gurkenschale
1 Prise Muskatnuss

Den Zucker mit Portwein, Curaçao und Zitronensaft in einem Krug verrühren. Bordeaux und Mineralwasser zugießen, gut umrühren, die Erdbeeren zufügen, mit der Gurkenschale garnieren und etwas Muskatnuss darüber reiben. Gut gekühlt servieren.

Manhattan-Cooler

4 Glas Rotwein
20 ml Rum
2 EL Zucker
Saft von 2 Zitronen
Mineralwasser
Eiswürfel

Alle Zutaten, bis auf Wasser und Eis, im Mixbecher gut vermischen. Eiswürfel in vier Longdrinkgläser geben, die Mischung darauf verteilen und mit Mineralwasser auffüllen.

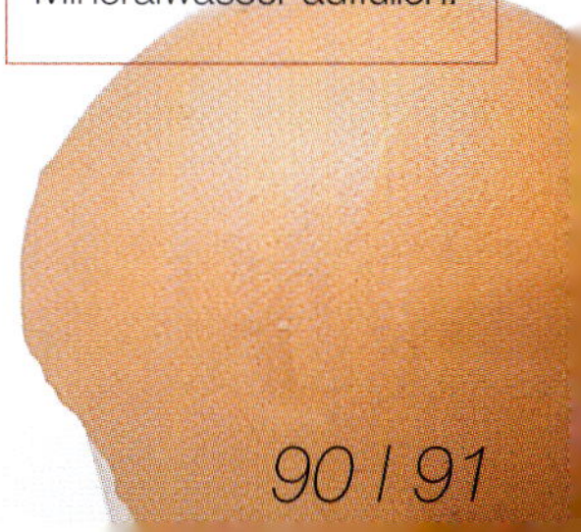

Beurre rouge
Rotweinbutter
(für 6–8 Portionen)

100 g Schalotten
250 g Butter
0,25 l Côtes du Rhône
1 EL gehackte Petersilie
Salz, Pfeffer aus der Mühle

Die Schalotten fein hacken und in 1 El Butter anbraten. Mit dem Rotwein ablöschen und stark reduzieren. Abkühlen lassen. Die Butter schaumig rühren, die Reduktion unterrühren und mit Salz und Pfeffer abschmecken. Besonders gut zu Steaks.

Bœuf bourguignon
Burgunder Rindfleisch
(für 4 Personen)

1 kg Rinderschulter
100 g Räucherspeck
200 g Zwiebeln
300 g Karotten
50 g Butter
Salz, Pfeffer aus der Mühle
2 EL Mehl
3 Knoblauchzehen
1 Bouquet garni
1 Flasche roter Burgunder

Das Fleisch grob in Würfel, den Speck und das geputzte Gemüse klein schneiden.
Die Butter in einem Schmortopf erhitzen, erst das Fleisch, dann auch das Gemüse darin anbraten. Mit Salz und Pfeffer würzen und mit Mehl bestäuben. Knoblauchzehen und Bouquet garni zufügen, den Rotwein angießen und gut zwei Stunden schmoren lassen.

Der ROTE in der Küche

Nein, weder Rotweine mit Korkfehler oder Essigstich noch die Reste überholzter Modeweine gehören in die Küche. Dort machen sich geradlinige Tropfen am besten, die kein Holz zu spüren bekamen, z. B. Spätburgunder und Merlot, Sangiovese und Garnacha, Côtes du Rhône, Rote aus dem Midi und aus Süditalien. Vorsicht vor zu starken Tanninen und zu hoher Säure! Rote leisten unvergleichliche Dienste, wenn es darum geht, dunkles Fleisch wie Rind oder Wild zu marinieren und zu schmoren. Und köstlich ist der Coq au Vin, ein Hahn oder großes Huhn, in Pinot Noir gegart.

Oh Schreck, ein **Fleck**

Die größte Passion zum Rotwein erlebt ihre Krise, wenn sich ein volles Glas über den Tisch, das Tischtuch, Röcke oder Hosen, Hemden, Pullover und Jacken bis auf den Teppich ergießt. Quel malheur! Da heißt es schnell reagieren. Das wohl bewährteste Hausmittel besteht darin, Rotweinflecken auf Kleidungsstücken und Tischdecken großzügig mit Salz zu bestreuen, es etwa fünf Minuten einwirken zu lassen und dann gut auszuspülen. Beim Teppich reicht es, wenn man das Salz gründlich ausbürstet. Handelsübliche ›Fleckenteufel‹ sind hilfreich, wenn der Fleck bereits eingetrocknet ist. Ist gerade nichts dergleichen zur Hand, dann lösen Sie zwei Esslöffel Waschpulver in einem Glas mit warmem Wasser auf, und bearbeiten Sie mit dieser Lösung das Missgeschick. Mit klarem Wasser nachreiben und dann trocken tupfen. Übrigens, wenn Sie die genialste Methode kennen lernen möchten, mit der man Rotweinflecken entfernen kann, …

…dann empfehlen wir Ihnen, in unserem Buch über **Weißwein** nachzuschlagen.

Weinrote Websites

Frankreich
www.vins-bordeaux.fr
www.vins-medoc.com
www.chateau-latour.fr
www.chateau.figeac.com
www.interloire.com
www.chateau-de-villeneuve.com
www.bivb.com
www.domaine-rousseau.com
www.beaujolais.com
www.vins-rhone.com
www.chateauneuf.com
www.languedoc-wines.com

Italien
www.agriline.it
www.astidocg.it
www.brunogiacosa.it
www.chiantinet.it
www.avignonesi.it
www.sassicaia.com
www.fonterutoli.com
www.masi.it

Spanien
www.riojawine.com
www.riojaalta.com
www.do-ribera-duero.es
www.principedeviana.com
www.enate.es
www.torres.es
www.enovins.com (Balearen)

Deutschland
www.deutscheweine.de
www.ivinum.com

Österreich
www.weinausoesterreich.at
www.austrian.weine.co.at

Schweiz
www.iwein.ch
www.winecity.ch

USA
www.wineinstitute.org
www.oregonpinotnoir.com
www.washingtonwine.org

Argentinien
www.argentinewines.com
www.wineplanet.com

Chile
www.winesofchile.com

Australien
www.wineaustralia.com.au
www.winepros.com
www.winetitles.com

Südafrika
www.wosa.co.za
www.wine.co.za

Bildnachweis

Die überwiegende Zahl der Aufnahmen, die hier nicht einzeln aufgelistet werden, sind von Armin Faber und Thomas Pothmann, Düsseldorf.

Mit Ausnahme von:
12: Erill Fritz, Köln
34, 35: Getty Images - Foto: Peter Beavis
36, 37: Walter Skoff (Familienalbum)
38: Erill Fritz, Köln
42/43: Ralph Steadman
51: Getty Images - Foto: Hulton Archive
Karten 61, 62: Rolli Arts, Essen
61 u. 2. von rechts: André Dominé, Trilla
Karten 65, 67, 69, 71: Rolli Arts, Essen
71 u. 3. von rechts: André Dominé, Trilla
Karten 73, 74, 77: Rolli Arts, Essen
81: Udo Matzka, Frechen